母ちゃん★センセ、笑ってなんぼ

発達障害のある子どもと創る希望ある生活

山口 歩
杉本 温子
玉村 公二彦 著

クリエイツかもがわ
CREATES KAMOGAWA

PROLOGUE

プロローグ 「かくしてハシゴは外された」

わたしたちの関係は不思議な縁でつながっています。

「3人寄れば文殊の知恵」とはよく言ったもので、いろいろな場面や課題に直面しても、3人いればなんとかアイデアを絞り出して（意外と、アイデアは素晴らしい）、見通しが出てくるのです。見通しが立ち、おもしろそうとなったら、あとは実行あるのみです。そこで、3人でハシゴをかけて、お互いを見合って「どうぞどうぞ」ということに。

ハシゴをかけてもらって登ったら、そのハシゴを別のところに持っていかれてしまう。ハシゴを持っていった者が、そのハシゴで登ってみると、また、ハシゴを勝手に外されてしまう…。登ったと思ったら外されたり、登ったのを見て外したりという関係になっていきました。ハシゴが外された時には、あ然としたり、混乱したり、怒ったり、でも、登ってしまった以上、「やるしかない」ということに。前向きに取り組むと、それはそれでおもしろい。

そして、3人とも「笑ってなんぼ」の世界に魅せられ、巻き込まれていったのです。

わたし・玉村は、奈良教育大学に着任する時に「この分野は若い学問の分野だから、なんでもやらんといけない」と上司だった故大久保哲夫先生に言われ、そのことを守って、いろんなことをやってしまうお調子者。自称「何でも屋」、楽しくなくっちゃ学問も教育もないと思っている人。いろんな課題に取り組みますが、失敗や後悔も多いのが現実です。

この本のきっかけとなったのは、自閉スペクトラム症の子どもさんをもつ母ちゃん・山口歩さん。山口さんの息子さん、マオくん、ユウくんの子育ての話から。山口さんの話は、びっくり、しんみり、ハラハラ、ドキドキ、なるほどといろんな感情をかきたてるエピソード満載。さすが、大阪に育った人、話しにオチは忘れない。とはいえ、この山口さん、石橋を何度も叩いて渡ろうとする、とっても慎重なところがある人。これはいけるといったん始めてしまうと、その行動力と気配りでいろいろな人たちを巻き込み、味方にしていく台風みたいな母ちゃん。子育てに際して、つらいことはありながら、子どもさんの小学校入学の時に、安心と希望がもてる特別支援教育の先生に出会います。入学後、穏やかに生活が流れていったのもつかの間…1年でハシゴが外されて…。

山口さんの安心と期待をつくったのが、杉本温子さん。山口さんの支えになった特別支援学級のセンセ。ムッツリして、大人の世界では斜に構えたように振る舞う時もあり、アマノジャクぶりも発揮。本当は子どもや母ちゃんたちのことを真面目に考えて、一味違ったおもしろさを実践で追求。考え抜いた実践の工夫やアイデアをもっています。しかし、それが学校で理解されないモヤモヤもあり、新たな挑戦を決意。おもしろいこと探しの旅に出たつもりが、いろんなことに手を出してしまうお調子者「何でも屋」のセンセと出会い、無茶ぶりで無理難題を放り投げられることに。いろんなところで、登らされたハシゴを外されて…。プンプン怒りながらも、実は、そんなスリルのある状況がたまらなく好きという人。その無茶ぶりに、山口さんも巻き込まれていきます。杉本さんのガッツと美意識でなんでもやり遂げてしまうという優れ者。

わたしと山口さんにとって、優れ者の杉本さんの存在は精神的にも大きな支えでした。ところが、2022年6月14日、その杉本さんがお亡くなりになってしまったのです。杉本さんの訃報に、わたしたちは、杉本さんに叱られたり、白い目で見られたり、時には爆笑し合ったり、達成感を得たりという日々を思い浮かべ、深い喪失感をもちました。その悲しみが落ち着いてくると、わたしたちは、ハシゴが外されて取り残されてしまったという思いに駆られるのでした。

振り返ってみると、2019年4月、わたしが京都女子大学に移ったこともあって、杉本さんとは、しばらく音信が途絶えていました。「私たちをおいて京都に逃げやがったな、ハシゴを外して知らんぷりや」とプンプン怒っていたのではと恐れていたのでした。ところが、コロナ禍の2020年8月、突然、杉本さんからLINEが送られてきたのです。

「奈良県立医大病院に入院して、放射線治療しています。ヒマでヒマでしょうがない。何かおもしろいことありませんか?」と。そういえば、以前、「三叉神経痛で、笑顔どころではない時が…、痛みに耐えているけど、原因がわからない」と聞いていました。その時は、「だから、いつもおもしろくなさそうな顔をしてるんやな」とデリカシーのない冗談を言っていました。その時から、病気が少しずつ進行し、痛みとし時々出現していたのではないかと思います。杉本さんの病気は、希少なもので、腫瘍の組織は分析のためにアメリカに送られることになるのですが、手術のために、入退院を繰り返すことになっていたのです。

杉本さんが治療を続けた2年間弱、調子がよさそうな時には、あれやれこれやれと無茶なお願いをさせていただきました。杉本さんが作った紙芝居を送ってもらったり、でんでんむしの電車の紙芝居を作ってほしいと注文を出したりしました。送ってもらった紙芝居には、「わたしの師匠杉本温子作」と前置きして、読み聞かせの動画にして、遠隔授業の教材にしたのでした。また、国文学科学生さんの特別支援教育論の講義レポート(障害のある人が出てくる小説の梗概とその断片を書くというもの）を短編小説断片集にする作業をお願いしたこともありました。

わたしが、2021年4月、ある学校の管理・運営に携わることになった時には、「嫌なんでしょ」と本質をつくお言葉。コロナ禍での学校の困った問題に頭を悩ませ、四方八方からハシゴが外されるという四面楚歌の状態になった時には、きっぱりと、「早く辞めちゃえ！」と。

「でも…」と、うじうじ言っていると、

「何のために誰のために、何にしがみついているんですか！」といつもの杉本節。

わたしが、「学校も大変なところ。自分のこれまでの人生何だったのかと思うこと多し」とグチをいうと、

「わたしも生きて帰れたし、元同寮たちと、今までの経験から学んだことを若い教師や管理職のために残せるものを残そうと落ち着いたら動くつもり。（特別支援教育に関しては）ひどいことが多い、（教育委員会に）乗り込んでいって、いろいろ言いたい！　去年作った支援の冊子（『笑顔が増える支援を！　簡易支援ブック』）もけっこう人気です。看護師さんたちも子育て真っ最中な人多いから、増刷して配りましたー」と。

末尾には、「黙ってられないことが多すぎるー！」「お互いがんばりましょ！」と猫のスタンプが添えられていたのでした。その後、文字の入力ももどかしくなったようで、電話で励ましを伝えてくれて、みんなで集まる会を開催する段取りを友人と相談してくれていたのでした。

杉本さんのエールには感謝でした。私立学校と教育の現実は一筋縄ではいかず、わたしは全面的に撤退ということになりました。同時進行のように、杉本さんの病気も進んでいってしまいました。

お亡くなりになる前、2022年5月、山口さんたちと、杉本さんのお見舞いにうかがいました。山口さんの息子さんのマオくん、ユウくんも一緒でした。旦那さんの義己さんが介護をしておられて、杉本さんは眠られていました。杉本さんとお話はできませんでしたが、お顔を見させていただいて帰ることになりました。それでも、その時は、またお見舞いに来ようとみんなで話をしていたのですが、1か月もたたないうちに、お顔を見ることができなくなってしまったのです。

それから1年後、奈良教育大学で開催された「てとてをあわせて　で・あいのある世界展」

では、山口さんの尽力で、杉本さんへのお礼の気持ちをこめて、杉本さんの作ったパンフレットや紙芝居などを展示するコーナーがつくられました。

２０２４年６月で、杉本さんがお亡くなりになって、２年がたちました。取り残されてしまったわたしたちは、あれやこれやを口実に怠けてしまうという特技をもっています。２年たった今、杉本さんの「黙ってられないことが多すぎる」という最後の言葉が思い起こされてなりません。杉本さんの思いに近づくようにと、杉本さんが黙らずにやってきたことをまとめ、杉本さんの思いの一端に触れたい、触れてもらいたいと…ハシゴを登ってみると（登らせられた）、登った時使ったハシゴがなぜか外されて戻れない状態に…。これまでの経過をまとめるしかない状況にされてしまいました。

「誰が、ハシゴを外したの?」と、つぶやいていると、

「自分たちでハシゴを外したんやろ！　でも、これで、十分なの?　まだまだやな。未完成でも今回は許したるわ、でも、次はどうするん?」との声が。

写真の中の杉本さんの顔がニヤリとして、ちょっと笑顔になったように見えます。

「笑ってなんぼやないか。次には、泣いて笑って、大笑いさせたるわい！」

学校と教育が息苦しくなっているのは、実感としてひしひしと感じています。心が折れたこともありました。この本のそれぞれの柱のキーワードは、「笑顔」です。「笑顔」はどこでも使われているけれど、学校から本当の「笑顔」が消えていっているのではないかと思います。子どもと向き合って、その願いに応える学校を創っていきたいと願って実践してきた教師たちの笑顔が、文部科学省や管理職から、重箱の底をつつくように学習指導要領の文言に忠実でないと非難され、いろいろ理屈をつけられて出向させられてしまう。そんな理不尽な教育現場では無理やり「笑顔」をつくらされている現実があり、強制されるような「笑顔」の裏には押し殺された感情があるのではないでしょうか。子どもたちに、そんな「笑顔」で向き合えないでしょう。教育は希望をともに語ることなのだから、教育の本質に立ち戻って、センセたちの創造性が生きる学校づくりで子どもたちが本当の笑顔になってほしい、本書が、子どもたちをはじめとして、母ちゃん・父ちゃん、そしてセンセたちが笑顔を取り戻し、笑い合って、手と手をあわせて、で・あい（出会い）のある世界を創っていくエネルギーを蓄える糧となることを心より願っています。

困難のある子どもたちと特別支援教育に注いだ杉本さんの愛情のいくぶんかをみなさんに知っていただき、みなさんが文化を創り、クリエイティブな生活を創っていく主人公になっていくことを期待しています。

（玉村公二彦）

母ちゃん★
センセ、
笑ってなんぼ

第1章

笑顔を育てる子育て

「かわいそう」を「おもしろそう」に

――山口　歩

一人でいるのが好きな子??

「マオくんは人が苦手で、一人でいるのが好きな子なんですよ」

ある療育の施設で、ベテランの先生が他の先生に、マオのことをそんなふうに説明していました。んんん???　ホンマにそうなんかなぁ。母ちゃんは少しモヤっとしました。マオは言葉では話さないけど、人が嫌いなわけじゃなくて、大きな声が嫌だったり、強引な関わりがつらかったり、みんなと一緒に遊ぶってことが、まだよくわかってないんじゃないのかな。「マオは、ずっと一人でいたいのか、今は一人でいたいのか」本当のことはマオにしかわからない。まだ、幼かったマオは、自分でも何が苦手かなんて、わかってなかったんじゃないかな。

私の息子は、知的障害を伴うASD(自閉スペクトラム症)です。長男マオの障害がわかって少しして、次男ユウにも同じ障害があると診断されました。

長男のマオは1歳を過ぎた頃に、発語が遅いのでは?と気になりだしました。親戚のおばちゃんに「長男って発語が遅いのよ」と言われ、「そうなん？」と思ったり、同じ年頃の子と比べて、なんか違うような気がしたり、ぼんやりと不安を感じていました。

お母さん友達たちが、「ママってもう言われたよね⁉」「うちはマンマ～とか、と一たんとか言うようになった」と話しているのを聞いていて焦りました。うちはいつまでもしゃべらない。発語的なことはほとんどない。絵本を読んでも、童謡を歌っても、こちらに関心を示さない。ザワザワとした気持ちのままマオと過ごしながらも、きっと言葉が遅いだけなんだよ…と、自分に言い聞かせていました。

診断を受ける前のはなし

今でこそ、「特別支援教育」とか、「個別支援計画」なんて当たり前のように聞こえますが、マオたちが診断を受ける十数年前は、ちょうど「特別支援教育」が学校現場で始まる少し前で、テレビでもそんなに取り上げられていませんでした。今ではテレビをつければ「発達障害」とか「自閉症」などの特集なども時々放送されていたり、NHKでは特集番組も見ますね。当時は詳しく障害特性を話してくれる人が私の近くにはいませんでした。

私自身も「自閉症」っていう言葉は、マオを産むまで全く知りませんでした。結婚し、妊娠し、出産し、想像できそうる「普通の子育て」が待っているものだと思っていました。ところがどっこい!! 思っていた子育てとは何かが違っていました。

ある人からは「お母さんがしゃべりすぎるからマオくんがしゃべれないんちゃう?」なんて言われて。「ええ!! そんなことある?」半信半疑ながらも3日ぐらい黙ってみたりして。もちろん何の効果もなくて、自分がイライラするだけという。

1歳〜2歳ぐらいの頃は、同じ産婦人科で出産したママたちと集まる機会がたびたびありました。誰かの家に赤ちゃん連れで集まって、子育て話なんかして、絵本を読んだり、おもちゃで遊んだり…。ハッと気づいたらマオがみんなの中にいない。

「マオくんいてない」ってみんなで家中を探すと、お風呂場のお水を出してニンマリ笑っているところを発見されたり、どうやって登った!!と思うような、まあまあ高さのあるタンスの上にちょこんと乗っかっていたり、誰もいない部屋の押入れでスヤスヤと眠っていたり、みんなの中にはいない子でした。

その時はまだ、「なんかマオくんって独特でおもしろいね」なんて言われて、「そぉ？」みたいな感じで、表向きはなんともないようには振る舞っていました。


不安な気持ちを抱えて受けた1歳半健診。区役所で、発語がないこと、他の子との違いを保健師さんに相談しました。

「ちょっと発達が遅いのかもしれないね、でも2歳ぐらいまで様子を見てみましょう」と言われました。

「毎日、様子を見て、不安があるから相談してるんやん！」今の私ならそう言えますけど、その頃の私は、「そうですね、もっとしっかり様子を見てみます」なんて言っておとなしく自宅に帰っていました。「母親である私の関わりが悪いんかな？」「もっとしっかりしなきゃ」って、もっとしっかりって何をどうしたらいいんよ!!　相談に行ったのに不安は募るばかり。

区役所から、自宅までの帰り道。ベビーカーですやすやと気持ちよさそうに寝ているマオに向かって、「なんでもないよね、きっと大丈夫」と現実逃避するかのように話しかけていました。

自閉症、100点満点!!

2歳になっても言葉らしきものを話さない長男のマオ。なんとなく不安だったマオの発達に、本格的に暗雲が立ち込めてきました。母子手帳の成長記録にマルがつけられなくなってきたのです。

- バイバイ、コンニチハなどの身振りをしますか。
- テレビなどの音楽に合わせて、からだを楽しそうに動かしますか。
- 大人の言う簡単なことば（おいで、ちょうだいなど）がわかりますか。
- 相手になって遊ぶと喜びますか。
- ママ、ブーブーなど意味のあることばをいくつか話しますか。
- うしろから名前を呼んだとき、振り向きますか。

2歳って、これができて当たり前なん⁉ 母子手帳の成長記録に、コミュニケーションの領域が加わった途端、一つもマルがつけられない現実。

そんな時に、「マオ、自閉症っていうのと違う？」と父ちゃんが言い出しました。インターネットでマオの気になる行動を入れて検索したら、自閉症の文字がヒットしたと。その中に、自閉症チェックリストなるものがありました。

- 子どもと目が合わない or 目が合ってもそらす傾向がある
- 体を触ったりすると嫌がる傾向がある
- つま先で立ち歩く
- 家族・大人・外音などに興味を示さない傾向にある
- あまり笑わない or あやしたりくすぐったりしても笑わない
- ほとんど泣かない or 些細なことで激しく泣く
- 初語がかなり遅い
- ママ・パパがいない中で、長時間一人でも平気な傾向にある
- おもちゃ等の、ものを整然と並べて遊ぶ傾向がある
- いつも同じものを使って遊びたがる傾向がある
- 大人や親の真似をあまりしない
- 名前を呼んでも振り向いてくれない。振り向こうとしない
- クレーン現象（人の手を取ってものを取らせるなどの行為）がよく見られる
- 好きな場所から離れようとしない、飽きないでそこに居座る

項目がいくつもあって、満点に近いくらいマルがつきました。母子手帳にはマルを全然つけられないのに、そこにはマルつけられるんです。「これってどういうこと？　マオは自閉症ってこと？」この時に私は初めて自閉症という言葉を知ったのでした。

自閉症って障害なん？　障害ってどういうこと？

さすがの前向き人間の私も、その時ばかりは頭が真っ白になりました。自閉症、１００点満点のわが子に言葉が見つかりませんでした。

様子を見ていただけではあかんやん！　一歩踏み出さなあかん‼　そう思って、診断をしてもらえる病院を探しました。

長男のマオは3歳の時に大阪の病院をいくつかまわり、正式に診断を受けました。病院での検査の結果、知的障害を伴う自閉症であることがわかりました。

「自閉症とは脳機能のかたよりを原因とする発達障害です。生まれつきの障害で、療育や支援により改善されることはあっても、治るということはありません。一生言葉をはなさない子もいます。」

渡された自閉症ハンドブックという冊子に書かれていました。

この「一生言葉をはなさない子もいます」の言葉はショックでした。私は、ママとかお母さんって呼ばれることはないのかもしれない。そもそも、お母さんってわかってるのかな？マオと遊んだり、買い物したり、心を通わせたりできるのかな。それでも、マオの不思議さが、何かわからなくてモヤモヤしていた時よりはどこかスッキリした気持ちでした。

「しばらく様子を見ましょう」と言われた区役所に、診断がついたことを伝えに行きました。あの野郎～‼　涼しい顔で呑気なこと言いやがって～‼と、心では思っていましたが、言葉や態度には出さずに（多分、出してないと思う）「マオは自閉症と診断されました。どこか専門的に相談できたり訓練をしてもらえる病院や施設はないんですか⁇」と、担当者が困った顔をするくらい問い詰めました。今思うと、必死だったし、不安だったんだと思います。

そこで、区役所がやっているカンガルー教室という母子教室を紹介され、週に一度ほど通い出しました。その教室には、言葉が遅い子や、未熟児で生まれて発育が遅い子たちが通っていました。保護者さんが精神的にしんどくて、子育てができない…といった親子もいらっしゃいました。そこでも、人に関心を示さないマオは「さぁ、リトミックですよ」と言われても「ふーん」と知らんふり。玉を転がしてコンコンコンと音が鳴る、単純なおもちゃで繰り返し遊んでいました。ドミノ倒しみたいなことは得意で、きれいに並べて、それを寝そべった状態で眺めていました。先生が最後「お菓子を配りますよ〜」と言うと、それには反応していて「言葉は通じてる!!」と思いました。その親子教室でも、圧倒的な不思議さを放つマオ。ちょうど、次男のユウを妊娠中でもあったので、「このまま下の子が産まれたらどうなるのかなぁ」と、その頃の私は、マオの将来に明るい笑顔の姿をイメージできないでいました。

ブルーテントのはっちゃん

その後、次男ユウも生まれて、ますます育児は大変になってきました。家の中にいても煮詰まるばかり。気分転換に外へ行ってみようと出かけても、やっぱり他の子と同じようにはいきません。

公園に行くには行くんですが、これが遊ばない。遊ぶって、実は難しいんですね。遊具で遊んだり、砂場でお山を作ったり、同じ年頃のお友達が楽しそうにしていることに、マオは、ほとんど関心を示しません。誰かと一緒に遊ぶって、とてつもなく高度なことに感じました。

その頃のマオは公園に着くと、ハトだけをひたすら追いかける。女の子が砂で作ったおだんごは踏みつぶす。お友達が吹くシャボン玉用のせっけん液を飲んでしまい、大騒ぎになったこともありました。

砂は好きなようでしたが、遊ぶといっても、お山を作るでもなく、おだんごを作るでもなく、片手で砂を握って、目の高さにもってきて、ただサラサラーッとまくだけ。それを何度も何度も繰り返します。

そのうちまわりのお母さんたちが、奇妙な行動をするマオのことを不思議に思うようになって、私たちが公園に行くと「砂の子や、砂の家族が来たで」とコソコソ言われるようになってしまい、次第に避けられるようになっていきました。

「砂の家族」って!! 昼ドラのタイトルみたいやん!と思いながらも、「マオは公園に遊びに行かないほうがいいのかも、行きづらいな、行きたくないな」という気持ちになっていきました。

公園から帰宅した日の夜、父ちゃんに「なんかさー公園に連れて行くの、ちょっとしんどいねん」とこぼしました。すると、「嫌なら、行けへんかったらええやん」と軽く返され、母親の苦労なんてなんもわかってないやん!と軽くキレる母ちゃん。それでも父ちゃんは、「そもそも何のために公園に行くのさ」と飄々と続けました。

冷静になって考えると、そもそも何のために公園に行くんだろう？　公園には、家でできない遊びをするため、太陽の下で体を動かすために行くんやん!!　マオは同世代の子どもたちに関心がないんやし、人がいる時に嫌な思いをするんやったら、時間変えたらいいんやん!!　そんなふうに思った私は、朝早く公園に連れて行ってみました。

誰もいない朝6時の公園。当たり前ですけど、親子連れの姿なんて全くなし！　ブルーテントの住人のおっちゃんが、公園の水道で顔を洗ってるぐらい。そしてマオが大好きなハトはたくさん集まってきている。表情の乏しいマオが瞳を輝かせる（笑）。私もうれしくなって

「さあ、ハトさんいっぱいいるでー」

と、一緒に追いかける。公園ではずっとベビーカーに押し込まれていた次男のユウも

「さあ、降りてハトさんと遊ぼう!!」

マオもハトも独り占め。思う存分ハトを追いかけ、砂をまき、楽しそうに遊んでいました。ユウもヨチヨチ歩きながら、声を出して笑っています。

近所の奥さんたちの冷たい目の中で、あれやったらあかん、そっちに行ったらあかんと追いかけていた時より、マオもイキイキと楽しんでいたし、何より私も笑っています。その後、何回も朝に公園に行くようになって、私たちに友達ができました。ブルーテントの「はっちゃ

ん」っていうおっちゃんです。

「ボウズおはよう！　今日も来たか～ハト集めといたったで～」

朝公園に行くと、マオのためにパンくずでハトを集めてくれていたり、砂をまき散らすマオを「花咲爺さんみたいやな」とニコニコと笑って見守ってくれました。

時々、「おやついるか？」と差し出すお菓子だけは、衛生的に受け入れがたいものがありましたが、私たち親子の公園デビュー最初のお友達は…ブルーテントの「はっちゃん」でした。

この公園デビューをきっかけに、私たちは私たちのペースで、マオやユウのペースで、楽しめることがある！　人に合わせたり、人の目を気にしすぎる子育てから、少し考え方を変えることができました。家族4人で休日に公園に行く時も、ほぼ日が暮れてから!!　そうすれば、人気

のブランコだって家族で楽しめちゃう。私たちは、星空の下で何度もブランコに乗って、すべり台でも遊びました。肩身狭く遊んでいた頃より、ずっと楽しむことができ、私もマオも笑顔が増えました。それ以来、遊びに行く場所、出かける先も、「何のために⁉ 誰のために行くの⁉」との視点を大事にするようになりました。

ガオーのおばちゃん

マオやユウを連れて、スーパーにお買い物に行く。これもまた、わが家にとっては難しいことでした。行くのはいいけど、怒られてばっかりの日々。その頃のマオは、こだわりが強く、「俺ルール」みたいなルールがマオの中で突然始まるのです。予告はもちろんなしの俺ルール。外を歩く時、突然マンホールのふたを踏みながら歩くとか。白線を踏むとか。靴を脱いで歩くとか…。

スーパーで一番困ったのは「丸いものを押す」というルール。

「お母さん、今日からボク丸いもの全部押すわ」

って宣言してから実行してくれたら、少しは気をつけられるんですけど、それはいつも突然始まります。お菓子のパッケージの丸を押す。パンのレーズンを押す。魚の目玉を押す。スイカの種を押す。とにかく、目に止まった丸いもんを押す。一番厄介なのは、非常ベルです。丸いし、赤いし、「ここ押せ」と言わんばかりの主張があります。もちろん押してしまうわけです。ジリリリリリ…。

住んでいたマンションの管理人さんや、近所のスーパーの店長にはすっかりお馴染みに。ごめんなさいすみません、ごめんなさいすみません、の繰り返し。

続いて困ったのは、スーパーの試食コーナー。マオにとっては試食のコーナーも、並んで売ってるお惣菜も、見分けがつかないんです。ハッと気がついたら、お惣菜コーナーの天ぷらを一個ずつかじってたことも。マオの手にある天ぷらを取り上げて、大泣きされて、ふとベビーカーに目をやると、ユウはコロッケを握ってたりして。ため息を通り越して、声も出ない状況です。なぜ全種類⁉　あぁ買わなあかん〜。マオとユウと出かけると、とにかく、「ごめんなさいすみません」の日々でした。

スーパーの店長さんは、説明するとなんとなく理解してくれますけど、私たちの天敵だったのは、紫色の髪の毛にヒョウ柄の服を着ている大阪のおばちゃんたち。ハッキリものを言われる方が多くて、当時の私にはキツくって怖くって。

マオは人との距離感を取るのも苦手で、人の足を踏んじゃうこともしばしば。しかも、感覚が鈍かったりするので、踏んだことに気がつかない、そのまま行ってしまう。

「いった〜！　ちょっと何すんの!!」エコーかかるぐらい大きな声。

「すみません、うちの子がすみません」

「この子に謝らしぃや。口ついてるやろ」

「すみません、うちの子、障害があって、あんまりお話ができないんです」

「ウソついたらアカンわ。この子、元気に走り回ってるやんか。あんたのしつけの問題やろ!!」

しつけ、あぁ、しつけ糸で行動を制限できたなら、どんなに楽な子育てだろうか。また、このおばちゃんは、障害イコール、車イスを使っているとか、杖をついているとか、何か身体が不自由なイメージがあるんだろうな。障害といっても、マオやユウはパッと見た目にわかりにくい。きっとこれから先も、しつけがなってない!!と怒られることが増えるんだろうなぁと感じました。

マオは、怒られている間もソワソワユラユラ。しかも、おばちゃんが着てた洋服にプリントされている、ゾウやトラやライオンも怒っているように見えたのか、

「ガオー！　ガオー！　ガオー!!」

と動物を指差します。そして、「ふざけてるんか‼」と、おばちゃんをさらに吠えさせてしまうのです。

自閉症が二人でジーショック

マオも3歳になり、どこか毎日通えるところがほしいと思いました。幼稚園や保育園をいくつか見学したのですが、まあ、何といいますか悲しい対応ばかりでした。園児大募集‼なんてかわいいポスターを信じた母ちゃんがバカでした。ほとんど「うちでは対応しきれません」と言われます。唯一、発達障害の子が通っている幼稚園があると聞いたので見学に行くと、砂場で一人、クルクルと回って遊んでいる子がいました。付き添いの先生はそばにはいたけど、一緒に遊ぶというより、危険がないか見守るといった様子。話を聞くと給食も別で食べているとのことでした。私がイメージしていた幼稚園と現実が違っていて、マオは幼稚園には通えないかもしれない…と感じたのでした。

その後、通っていたカンガルー教室から教えてもらい、発達に遅れのある子が通う、通園施設に通えることになりました。そこには、ダウン症や脳性まひ、てんかんなど、知的障害だけでなく、肢体不自由のお子さんたちも通っていました。自分の子とは違う障害のあるお子さんと出会い、同じ悩みをもつお母さんたちとも初めて出会うことができました。

友達と遊べないし、お誕生日会に呼ばれてもハッピーバースデートゥーユーも歌えない。どうしても家族だけで過ごしてしまう。障害のある子どもを育てる大変さを共有できたこと、また、この子たちのかわいさにも気がつけたこと、ここで仲間ができたことは本当に大きかったと思います。それぞれの立場で頑張っている親子がいる!! それを知るだけで前向きになれました。

悩みを共有できる仲間もでき、自閉症の特性を勉強する中で、次男のユウもマオと同じ障害があることがわかりました。

今でこそ、自閉症が二人でジーショック!! なんて言ってますが、一人でもこんなに大変なのに、本当に育てていけるのかと悩みました。正直、マオが障害だとわかった時より、ショックは大きかったかもしれません。

幸い、わが家は父ちゃんが子育てに大きく関わってくれます。まぁ、母ちゃんがうまく巻き込んだ!というのが正しい表現かもしれませんが、自分がどんなにしんどくても父ちゃんは、その日に起こった出来事を聞いてくれました。ユウにもマオと同じ障害があるとわかった時も、「こ～なったら自閉症を育てるプロになるしかないな」と明るく言ってくれました。えっ？　そんな感じ？　父ちゃんって意外とおおらかでした。

泣いても、落ち込んでも現実は変わらない!!　母ちゃんはその言葉にどれほど救われたことか!!　今も、些細なことも、あーだこーだと話し合いながら、ともに子育てに奮闘する名パートナーです。

入学準備は大仕事

幼少期のてんやわんやを乗り越え、いよいよ小学校の入学準備をする時期になりました。通園施設に通う子たちの就学は、保護者にとって一大事です。また、私たち家族は、マオの小学校就学を機に、大阪から実家近くの奈良へ引っ越すことを決めていました。いろいろな学校を見学し、家族の状況を考えての決断でした。実はそれまでも、マオが誕生してから住んでいたマンションを売却し、賃貸の住宅に引っ越した経歴もあります。当時住んでいたマンションは便利な場所にはあったものの大きな国道沿い。多動全開だったマオとユウは何度か、窓枠に登ったり、ドアを開けた途端飛び出してエレベーターでそのまま下へ行ってしまったり…。マオを追いかけようとすると、ユウが反対方向へ駆け出す。マンション中、何度二人を探し回ったことか…。そんな危険と背中合わせの日々から脱却するために、購入したマンションを手放す選択をしました。

住まいでもこんな苦労をしていた私たちは、学校選びも、ランドセルを買ってウキウキ準備というわけにはいきません。就学前の相談では、「こんな落ち着きのない子、検査になりませんでした。まさか、地域の学校に行くつもりじゃないでしょうね。こんな鉛筆の持ち方じゃ、名前も書けないですよ」と言われました。今なら教育委員会に物申す案件ですが、当時の母ちゃんは何も言い返すことができませんでした。すると、マオが、検査員の人に持たされた鉛筆の持ち方を矯正する装具を「バイバイ！　サヨ〜ナラ！」と壁に投げつけたのです。母ちゃんは心の中で「マオ！　ナイス‼」と叫び、検査室をそそくさと出ました。

帰りの電車で、落ち着かず身体を揺らすマオの手を握り、私たちを受け入れてくれる学校があるのか途方に暮れていました。

マオだけでなく、次男のユウもやっと慣れてきた保育園から新しい保育園探しです。

大きなため息をつく母ちゃんの横で、マオが当時気に入っていたアニメのフレーズを口にします。

「今日はとっても楽しかったね。明日はもっと楽しくなるよね、ハム太郎？」

感情はこもっていない独特の言い回し。当時のマオは会話にはならないけれど、こんなアニメのフレーズや、「この夏！　しんはつば〜い‼」みたいなＣＭで聞いた言葉などを繰り返し言っていました。

マオのフレーズを受けて
「そうやなぁ、明日はもっと楽しくなるよね、ハム太郎？」

と母ちゃんが言うと
「マオくんです」

と答えてくれたのです。

検査は不能と言われたけど、やりとりはできるやん！　マオは自分をマオだってわかってるやん！　母ちゃんは、そんな小さなやりとりがうれしくてうれしくてマオの手をぎゅっと握り直しました。

同じ相談でも、心の指針をくださった先生もいました。専門性の高い支援が受けられる支援学校か、地域の子どもたちとの交流がある、地域の学校の特別支援学級か。どちらの学校にも、長所、短所があり、どうしたものかと迷っていました。そんな中で受けた教育相談。担当の先生は、マオの家での様子やこれまでの暮らしなど、ゆっくりと聞いてくださいました。

最後に「お母さんから何か質問はありますか⁉」と言われたので、「学校をどっちにするにせよ、春の小学校入学までに、これだけはやらせておいたほうがいいということはありますか⁉」と聞きました。その頃のマオは単語がいくつか話せる程度、夜の睡眠も不安定、偏食だらけ、多動全開。集団生活には困難なことだらけでしたので、母ちゃんなりに必死でした。すると、先生は穏やかな声で「お母さん、お母さんが、ここがいいと決めた学校なら、どちらでもきっと大丈夫ですよ。春までに準備することなんて、何にもありません。今のままのお母さんで、元気に明るく笑顔いっぱいに、マオくんを送り出してください。そして、おいしいご飯を作って、毎日お風呂に入れて、あたたかいお布団で寝かせてあげてください。それだけで十分です。今のまんまのマオくんとお母さん、また弟のユウくんのことも、ありのまま受けとめてもらえる学校を一緒に探しましょう」と言ってくださいました。

私は、泣きじゃくって、このままでいいんや‼　私たち、家族丸ごと受けとめてもらえる先生にきっと出会える‼と、そんな、不思議な力がわいてきたことを覚えています。

謝ってばかりいることを叱ってくれた先生

その後、たくさんの小学校や特別支援学校を見学し、地域の小学校を見学した時、杉本温子先生と出会ったのです。杉本先生は、私たち家族を奈良教育大学へとつないでくださった恩人です。杉本先生から玉村公二彦先生を紹介してもらい、奈良教育大学で開催される「障害のある子どもの笑顔展」(「笑顔展」)にマオの絵を出展することとなります。「笑顔展」を通じて、マオのユニークな絵の世界をたくさんの人に見てもらう機会をつくってもらい、そこから、現在も続いている「てとてをあわせて　で・あいのある世界展」へとつながっていくのです。杉本先生と出会っていなかったら、今の私たちはいなかったと思います。また、杉本先生は母ちゃんの親としての姿勢を最大に認めてくださったお一人でした。

校長室で対面した杉本先生は一見、優しい先生には見えなくて(ごめんなさい)、私たち夫婦は緊張しました。校内を見学した後、職員室から離れた場所にある特別支援学級「なのはな学級」に案内されました。そこには、マオの大好きなトランポリンにボールプール、たくさんの絵本がありました。杉本先生は今までの緊張した面持ちから一変し

「マオくんは、何が好きかなぁ～」

と、カエルのパペットを手に持ってマオに話しかけてくださいました。マオは母ちゃんの手を振り解き、ボールプールにダイブ!!!「すいません」とすかさず言うと、杉本先生は再びキリッとした表情になって

「マオくん、何か悪いことしました？　そんな謝らないでくださいよ」

と言ってにっこり微笑まれました。

ちょっとややこしいですが、叱られて謝ってばかりの私たちに、謝ってばかりいることを叱ってくださったのは杉本先生が初めてでした。

その後、入学まで何度も体験に行かせていただく中で、杉本先生の授業のつくり方、また、子どもとの関わり方がこれまでの先生たちと違うと感じました。

そもそも、入学前に「いつでも、何回でも来ていいんですよ」と言った先生は杉本先生だけでした。他の学校は、数か月前から予約をして、他の生徒や授業の邪魔にならない範囲で!!と言われました。また、「マオくんは、最低限の身辺自立、おトイレとか洋服の着脱とかは一人でできますよね」と何度も確認してくる学校もありました。「学校は幼稚園や保育園ではないので、特別支援学級といっても、マンツーマンで加配を付けることは不可能ですから」と、こちらの話を聞く前に、人手不足を伝えてくる学校がほとんどでした。最低限のことって？　はて??　やっぱり、地域の学校は難しいのかな??　特別支援学校も魅力的な面もいっ

ぱいあって、のびのび過ごすなら、特別支援学校のほうがいいのかも…との思いもありました。ただ、引っ越して周囲に知り合いも少ない中で、バスに乗って市外の学校に通うことになったら、マオのことを知ってる人は家族だけになってしまう気がしていました。

母ちゃんは、杉本先生の「何回でもいらっしゃい」の言葉に導かれ、入学まで何回も体験に行きました。一緒に音楽の授業に入れてもらったり、体育もさせてもらいました。今日、お休みの子がいたから!!と、残った給食を親子でいただいたこともありました。

後から聞いた話では、「この親子、一体、何回来るんだろう⁇」と思われていたそうです。

第一印象と変わらず、杉本先生は大人には淡々とお話しされます。それが、授業となると大変身!! 時には白衣を着た科学者、音楽では演歌歌手顔負けの熱唱! 体育や工作でも、オリジナリティいっぱいのゲームや作品づくり。その中でも特にすごいと思った

不安でいっぱいの入学式

のは、「どんな小さいことでも子どもたちに決めてもらっています」という方針。この授業に参加するのか、しないのか。また、忘れ物をした時も「ごめんなさい」と謝るんじゃなくて、忘れたから、どうするのか考えさせる時間をつくる。これって、言葉で言うと簡単ですけど、実際に子どもと向き合っていると、めちゃくちゃ面倒なんです。時間もすごくかかるんです。マオのように発語での表出が難しい生徒には、筆談などで確認したり、意思を聞き出したりしてくださいます。

あっ！　ここや！　この学校、杉本先生なら受けとめてもらえる！　私たちの歩んできた道をわかってくれる！と確信して、大阪から生駒の地に転居し、地域の小学校に行かせることに決めました。

おおぜいの人がいる学校で

マオが小学校へ入学してからは、慣れない環境で、次から次へといろんなことが起こりました。自己表現の乏しい子どもたちです。先生との信頼関係なくしては、学校へは通えません。

学校の中にも、いろんな先生がいます。理解のある、ないだけではなく、「自閉症ってこんな子でしょ」と決めつけ目の前にいるマオやユウの姿を見てくれない先生には悩まされました。しゃべるのが苦手なマオに「おはよう、は⁇」「お返事、は⁇」とあいさつを強要してくる先生もいました。

聴覚が過敏なマオの音楽の授業への参加や、おおぜいの中での活動への参加は長く苦戦しました。音感が良すぎるのか、マオは少しの音のズレも気になり、お友達の歌声や演奏にも耳をふさぎます。「無理して授業に参加しなくてもいいよ」と言われたこともありました。これは言葉は優しくも聞こえますが、「一緒には無理だから、参加しなくていいよ」と言われているようにも受け取れます。マオもユウも音楽は嫌いではありません。でも、大きな音や、音階無視の演奏は、耳の良いマオには苦痛でしかなかったようで、音楽室をスルリと抜け出し、大好きなカエルのいる中庭の池へ‼ 蓮の葉の上に、カエルがちょこんと乗っているのを見て、マオは自分も乗れると思ったのか、そぉぉっと足を伸ばしていると、それを見た他の先生が

「マオくーん‼ 危ないからやめなさーい‼!」

と大きな声を出し、その声にびっくりしたマオは池にドボン！ 浅い池でしたが全身びしょ濡れです。母ちゃんは、事あるごとに学校へ行き説明を受けます。「すいません」と言

いかけると

「お母さん、マオくんね。今日は音がイヤ!!と教えてくれたんですよ。なんで池に行ったの？と聞いたら、カエルを見てた！って言ってくれたんです」

と、杉本先生はなぜだかうれしそうに話してくださいました。

「靴下がね！　濡れたんですよ、みんなの!!」

どうやら、蓮の葉っぱの上に人は乗れない実演を先生たちがされたようで、一同、靴下までびしょ濡れに。

上級生の男の子（単語が時々ひっくり返ってしまう生徒さん）が

「つくしたがぬれた！　つくしたがぬれた！」

と言ったらマオが

「くつした！　ぬれました！　葉っぱは乗れません」

と、単語ではない文章で話したそうな。

いろいろなことが毎日ある中で、失敗も成功も、杉本先生が指導する「なのはな学級」では全部を経験としてとらえて関わってくださいました。

マオは小さい頃から絵を描くことが好きです。23歳になった今も、毎日たくさんの絵を描いています。3歳くらいの頃、発達検査の時に心理の先生から、「お母さん、マオくん、すごく絵が上手ですけど、ご存知ですか⁉」と言われ驚きました。

当時は、名前を呼んだら振り向いてほしいとか、お母さんって呼んでほしいとか、マオの発語の発達ばかり気にしていたので、「絵？　うまいの⁉　えぇぇ⁉」と、おとぼけな、父ちゃんと母ちゃんでした。

ペンも独特の握り方をします。4歳の頃にはパズルで覚えたのかアフリカの国旗を描いたりしていました。積み木に描いてあるイラストを覚えていたのか、ゾウのイラストを描いてElephant、キツネの絵を描いてFoxとスペルも正しく書いていました。

マオは、目で見て形をとらえるのは得意だったようで、学校でも絵を描いて過ごすことは多かったようです。絵に集中してしまうと、なかなか次の行動に移せないマオに、先生たちは根気強く関わってくださいました。

音楽の授業から抜け出して池に落ちた後も、みんなが歌っていた「春の小川」をイメージさせる絵を描いたそうです。

「マオくんは、みんなと一緒に歌こそ歌わないけど、音楽の授業はバッチリ参加していますね」との連絡ノートの先生のコメントがすごくうれしかった。

音楽の授業の後に特別支援学級で描いた作品。絵の中の動物たちは、みんな楽しそう

入学して最難関だったのは運動会でした。たくさんの人の視線、大きなピストルの音、広い運動場で、マオは今にも泣き出しそうな顔で練習に参加していました。心配で練習を見に行っていた母ちゃんもなんだか泣きそうでした。予行練習では最初の入場行進で脱走。先生たちの会議では、マオは保健室から出られる競技のみ参加しては⁇との意見も多かったようです。ただ、保健室にいったん入ってしまったら、マオはグラウンドに出られなくなるのでは…というのが、杉本先生と母ちゃんの判断でした。家族としては、つらそうにしているマオの姿を見るのも嫌だったし、次男のユウが保育園の運動会で泣きっぱなしだった苦い経験もあって、無理なく少しでも楽しめる運動会にしてほしいと先生たちに伝えていました。そもそも、マオに競技の意味を伝えることも難しいですし、超平和主義のマオは、人と競い合う気持ちを持ち合わせてない気がします。おもちゃをお友達と取り合ったこともほとんどありません。

運動会前日のリハーサルでは、マオが「なのはな学級」でもよく入っているという、ミニテントが運動場にちょこんと置かれていました。

「じゃーん‼　仮設なのはな学級～‼」と、ある先生がドラえもん風に紹介してくださり、マオは瞳を輝かせテントの中に‼　テントの中には、マオがくつろげる絵本やぬいぐるみが入れられていました。安心できる場所を確保できたマオは、いつもよりちょこっと頑張りを見せて、運動会当日は、リレーのピストルもマオの番では手拍子に変えてもらい、ニコニコと楽しそうに歩いてゴールまで辿り着きました。ゴールに着いた途端、誰よりも早いスピードでテントに向かって走ったのはご愛嬌です。

運動会での「仮設なのはな学級」のテントは、弟のユウが入学してからは二つ並んで置かれ、マオとユウが卒業するまで続けてくださいました。

後から聞いたお話では、このテント作戦、職員会議ではずいぶん分反対されたそうです。一人の児童のためにそこまでする必要が

テントから運動会の様子をうかがうマオ

あるのか!! 甘やかしすぎだ!!と。

無理なら参加しなくていいよ~ではなく、どうしたら参加できるのか?をいつも真剣に考えてくださったことが本当にうれしかった。

一人でいるのが好きな子。以前のように、そんなふうに決めつけられていたら、学校行事も経験する機会を失っていた気がします。

かわいそうとおもしろそう

小学校の生活にも慣れてきた頃、PTAの地域パトロールの当番が回ってきました。小学校の校区内に危ない場所や道路はないか、不審者はいないかなど、歩いて巡視活動をするといったもの。私たち家族は、マオが小学校入学を機にこの地域に引っ越してきたので、私たちのことを知らない人がほとんどです。いわゆる、ママ友と呼べる友人もほとんどいませんでした。そんな中で回ってきたお当番。

この日、一緒にパトロールの当番になったのは、「アルプスの少女ハイジ」に出てくる、ロッテンマイヤーさんのようなメガネをかけた上品なお婆さまでした。娘さんのお仕事が忙しいので、お婆さまがかわいい孫のためにＰＴＡの役員なども手伝っているとのことでした。

優しい口調で話されるお婆さま。お子さんは何年生？　何が得意なの？　習い事は何をしているの？　中学校受験を考えているの？などなど、私たちの子育てには無縁のキーワード満載で質問してこられます。最初は話を合わせていたんだけど、なんとなく邪魔くさくなってしまい…。

「うちの息子なんですが、知的障害があって特別支援学級に在籍しているんです。だから、習い事とか、中学受験なんて考えたこともないです」

と、マオの障害について少し説明してみました。するとお婆さま、すごく驚いた様子で

「ごめんなさいね。障害があるなんて!!　かわいそうに。でも学校に通えるのね？　お友達はいるの？」

母ちゃんは

「息子は自閉症という障害もあって、コミュニケーションをとるのが苦手で、今はお友達と遊んだりするのは難しくて、学校には私が毎日送迎しています」

と答えると、彼女は深刻な顔で

「息子さんはお一人？　ごきょうだいは？」

と聞いてこられたので、２つ下に弟がいますと母ちゃんが答えると
「そう、弟さんがいるの、それなら少し良かったわね。ご両親が亡くなった後は、弟さんにお願いできるものね」
と…。はて？　はて⁇　普段ならスルーするんだけど、この日は少しムキになってしまい
「息子は二人いて、弟の方も同じ障害があるんです。だから、誰かに任せるとか、そんなことはできないし考えたこともありません」と言い切る前に
「なんてかわいそうなの‼」と、お婆さまに抱きしめられてしまったのです。
「そんな大変な子どもさんが二人もいるのに、あなた、こんなところでパトロールなんてしてる場合じゃないじゃない。後は私が回っておくから、ご自宅に戻って少しゆっくりしてちょうだい。息子さんたちが帰ってきたら、それこそ介護で大変でしょう」
そう言って私は家へ帰されました。
自宅に戻ると、ちょうど雨が降ってきて、慌てて洗濯物を取り込み、早く帰れてラッキー‼なんて思いながらも「なんてかわいそうなの」の一言が頭から離れません。
私たちってかわいそうなんかな…。洗濯物をたたみながら涙が止まらなくなりました。夕方になってマオを学校に迎えに行くと、ちょっと元気のない母ちゃんの様子に気がついた杉本先生。その日の出来事を話すと…

「かわいそうか～、ふーん、私には毎日、おもしろそうに見えるけど」

とイタズラっぽく笑って
「関わりをもたない人には言わせておきましょう」

とキッパリ。その、あっけらかんとした様子がなんだかおかしくて、モヤモヤした気持ちが少し楽になりました。

お婆さまも、決して私たちを傷つけようとしたわけじゃない。「かわいそう」って言われたら、幸せな気持ちになる人なんていないのに。なんで言ってしまうんやろ。

確かに、マオとユウを中心とした私たちの生活は、大変なことも多いけど、悲しいことばっかりじゃない！　できないことが多いから、できた時の喜びも大きいし、マオやユウの独特の感性は、母ちゃんや父ちゃんを笑わせてくれることもたびたびある。

私たちはかわいそうな家族じゃない!!　楽しそうな、おもしろそうな家族ってことを、周囲の人に伝えていきたい!!と感じた出来事でした。それ以来、なんとなくロッテンマイヤーさんみたいなメガネをかけてる女性を敬遠してしまう母ちゃんです。

回転寿司に行ってみた

私たち夫婦は、「あたりまえ」とか「ふつう」とかいう言葉があまり好きではありません。

たとえば、外食するのも、マオは偏食がひどかったのですごく大変でした。ハンバーガーやサンドウィッチなどは全部分解。パン、お肉、レタス、ピクルス。違う食感のものを一緒に噛むのが苦手なのかもしれません。焼きそばなんかも野菜と麺を別にします。モヤシや細切りのニンジンもていねいに分けて食べるのです。それでも、食べないよりはマシと思っていたので、一体、何時間かかんねん！って思いながら見守っていました（今ではいろんなものを分解せずに食べられるようになっています）。

当時は、家での食事もそんな調子でしたから、ゆっくり外食するなんて一生無理やろうな～って思っていました。

マオが小学生になり、ある時父ちゃんが

「久々に、お寿司が食べたいなぁ」

と言い出しました。そういえば、外でお寿司なんて、もう何年も食べていません。マオたちも最近、落ち着いてきているし、ここは回転寿司に挑戦してみるか!!ということになり、お昼の3時ぐらい、ほとんどネタも回ってない空いてる時間をねらって、家族4人で初めての回転寿司に行きました。

「大丈夫かな？　あの子らがレーンに乗っかって回るんちゃうか？」

「レーンに乗る前に全力で止めるわ」

そんな会話を父ちゃんとしつつ、ダメやったらお店を出たらいいやくらいに思って席につくと…

何ということでしょう〜!!　マオとユウ、二人がちゃんと座って、お寿司を1つ手にとって、お醤油につけて、パクッっと食べてくれたのです。それを見ただけでもう大感激の母ちゃん。ハッと前を見たら、いつもクールな父ちゃんが泣いていました。やっと外でお寿司を食べられた！という喜びもあったのかもしれないですけど（笑）。そんな父ちゃんを見て、母ちゃんも涙が止まらなくなって、夫婦二人して、お寿司を前に泣いていたら、レーンの向こうから職人さんが飛んできて一言、

「わさび抜き、握りましょうか？」

大爆笑となりました。

どんな出来事も私たちには「当たり前」ではないんです。回転寿司に行けたことも、給食のおかずを残さず食べたことも、「マオがハンバーガーをパクッと食べたから、今日はわが家

のハンバーガー記念日!!」なんて、サラダ記念日風に短歌も読んじゃう!!「おかえり」と言ったら「ただいま」と返す。こんな会話ができるようになるまで、一体何年かかったことか。ちょっとしたことで笑いが起こったり、感動したり。そんな毎日を送っている私たちは、やっぱり「おもしろそう」でしょ。

ユウはシンデレラ

とにかく、10歳を過ぎる頃まで、マオもユウも多動の虫が全開でした。高いところが大好きなマオは、大和郡山城跡に行った時も、突如、石垣を忍者のように登り、追いかける父ちゃんがケガをしそうになったり。斜面を見ると「コロコロ～」と言って、突然転がり出すユウは、その下が崖であっても平気。どちらも、手をしっかり握っていないと何をしだすかわかりませんでした。それでも、家から出ないという選択はしないで、空いてる時間を見つけては、公園や原っぱで、体を動かすようにしていました。

小さい頃のマオとユウには、ほとんどおそろいの洋服を着せていました。「おそろいの洋服～かわいいわね」と、ご近所さんに言われて苦笑いする母ちゃんと父ちゃん。実は、見た目がかわいいなんて理由ではなくて、どちらかを見失った時に、「こんなTシャツの子を探してください」と、とっさに言えるようにしていたのです。

マオに気をとられていると、あれ？　ユウは⁇ということがたびたびあって、大捜索したのは一度や二度ではありません。迷子の放送で呼び出しても、何かに夢中になっているマオとユウにはきっと届きません。二人から私たちを探してくれるなんて、夢のまた夢です。

大型のショッピングモールで、ユウを見失ってしまった時、なぜか片方だけユウの靴が落ちていました。大騒動の末に本人も見つかったのですが、その時の靴落としが、なぜかユウにはおもしろく感じたようで…。それから、脱走を企む時、必ず片方の靴を脱ぎ捨てるようになりました。シンデレラか！とツッコミたくなります。ユウが片足をソワソワ触りだすと、それは脱走の合図です。ユウから目を離さないよう注意します。

自閉症の人たちは、間違った経験をすると、それが強いこだわりになることがあります。迷子になったら、大好きなパトカーに乗れた‼　大きな音を出したら、みんなが注目してくれた‼　ユウの場合、靴を片方脱いで走り出したら、みんなが大騒ぎして楽しかった‼のかもしれません。

外に出たら、確かに大人はクタクタになってしまうけれど、家にいる時より、表情豊かに笑っているマオとユウの姿を見ると、出かけないわけにはいきませんでした。

好きな場所、好きなことを探して

私たちは、公園デビューでの経験を活かして、子どもたちが小さい頃は、休日はなるべく早起きして出かけるようにしていました。経験上、人気のある混雑するスポットは避けて、その場所のオフシーズンを選びます。秋には大人気の曽爾高原（奈良と三重の県境にある高原。秋は一面ススキに覆われて、陽光を受けて金銀に輝く景色は見事）も、冬には誰もいません。凧上げやり放題です。海に行くのも9月か10月‼　プライベートビーチを満喫できます。人のいない草原、早朝の砂丘にアスレチック。私たちが気に入って出かけていた場所は次々と閉園していきます。そりゃそうです、だって人気のない場所を選んでいたんですから（笑）。いっぱい出かけて、いっぱい経験して、「好きな場所」「好きなこと」を、子どものうちに増やせたら…と思っていたら、山口家のお出かけ記録は、マオが二十歳を過ぎる頃には沖縄以外の都道府県を全制覇していました。

行く先選びでも、失敗はあります。マオは動物が好きだったので和歌山のアドベンチャーワールドに行った時、ちょうどイルカショーが行われていました。マオもユウも、イルカの大ジャンプに大喜びしていたのも束の間、突然音楽が流れ出し、イルカに乗ったお姉さんが「オールウェイズトゥギャザー」を歌い出したのです。屋外施設のマイクでハウリング音もあって、音に敏感なマオは絶叫し耳ふさぎ!! すかさず、相方の父ちゃんに目で合図を送り、母ちゃんとマオは静かに退出。ユウはその後、イルカショーを父ちゃんと存分に楽しみました。

同じ、知的障害のある自閉症だとしても、得意なことや苦手なことも違います。

アンパンマンが大好きなユウのために、アンパンマンの聖地？ 高知県にあるアンパンマン

イルカショーは半分だけ楽しみましたとさ

ミュージアムに行った時のことです。きっと大喜びするだろうと思っていたら、入口にあった大きなモニュメントの前でユウは大泣き。ユウが思っていたアンパンマンの世界と違っていたんだと今ならわかります。それでも、その時はなんで泣いてるのかさっぱりわからず、近くにあったパン屋さんでアンパンマンのキャラクターパンをいっぱい買って、泣いているユウのご機嫌をとって帰りました。

昨日はこんな所へ行ったとか、こんな事件があったとか、家であったことは次の日に学校で先生に話し、学校であったことは先生から聞く。毎日が、マオとユウのおもしろやらかしエピソードの発表会でした。草抜きを一緒にやっていたら、校長先生が大切に育てていた花壇の花も抜いちゃったとか、保健室で飼っている金魚の餌やりでは、袋ごと全部水槽に入れて金魚が見えなくなってしまったとか、「ウーッ」と吠えて怒っているドーベルマンに「わんわん♡」と言って近づいて噛まれそうになったとか…。

家から一歩外に出たら、冷たい視線を向けられたり、嫌な顔をされたり、ヒョウ柄の服を着たおばちゃんに吠えられたり、公園でお友達もできなかった私たちだったけど…。マオとユウのことを理解して、不思議さも不器用さも個性!!としておもしろがって関わってくださる先生たちに出会えて、笑顔いっぱいに充実した小学校生活を送ることができていました。
いっぱい見学してよかった!! この小学校に来てよかった!! 杉本先生に出会えてよかった!!と新学期を楽しみにしていた2009年の春休み。
杉本先生は学校を退職され、私たちの前からいなくなってしまったのです。

さぁ、どうする山口家!!!
母ちゃん、父ちゃんの奮闘記は、まだまだ続くのであります。

(山口　歩)

*「もしも願いが叶うなら」(第53回NHK障害福祉賞最優秀賞)のエピソードを一部変更したものを含んで構成しています。

ここからも、泣いたり笑ったり忙しい山口家です

第2章

笑顔が増える支援を！

子どもたちのスペシャルな経験と学習

山口　歩

1 ワクワク・ドキドキの授業を子どもたちに

杉本温子先生の突然の退職には、「なのはな学級」の保護者一同ショックを受けることになってしまいました。特に、ようやくマオくんの就学1年目の激動を過ごした山口家にとっては青天の霹靂でした。

ここで、杉本先生とマオくんの「なのはな学級」の1年を振り返ってみると…。2008年4月、マオくんともう一人の1年生を迎え、総勢9人の子どもたちで出発しました。1学期は様子を見る、学校のリズムになれる時期。2学期は、運動会など学校行事が多くあり、「なのはな学級」の子どもたちにはハードで、それぞれ工夫が必要な時期です。職員会議で支援のあり方や工夫を全体の合意にしていくことも必要とされました。

「さようならあなた…」「どうにもとまらない！」「なのはな学級」の最後の1年

学校という騒音空間は、聴覚過敏があるマオくんには、なかなかなじめるものではなかったようです。雑音は聞きたくないと、常々、耳をふさぎ、音楽の授業も耐えきれずに逃亡。でも、マオくんは、歌が好きなのです。マオくんには絶対音感があるようで、少し音程が違っただけでも許せない様子は、杉本先生にもみてとれました。

マオくんがまだ小学校に入る前のことです。ミレニアムから２０００年代に一世を風靡したのがＳＭＡＰ。しかし、ＳＭＡＰの歌声に、マオくん、一つだけ許しがたいものがあったようです。それが、中居正広さんの歌声。不安定な音程がしんどくて、「世界に一つだけの花」の中居さんのパート「花屋の店先に…」と出た瞬間、「違う！」とばかりにテレビに体当たりしたというエピソードも聞いていました。

杉本先生も、「歌うな」とばかりにマオくんに口を押さえられることがたびたびありました。長年、音楽専科で活動してきた杉本先生のプライドにも関わります。

「なのはな学級」での学習では絵本の読み聞かせが定番でした。運動会が終わり、文化の秋ともなると学級も落ち着いてくる様子。ここで、杉本先生、長谷川義史の『いっきょくいきまぁす』（ＰＨＰ研究所、２００５）を持ち出します。はじめの部分に出てくる童謡では、マオくん全然反応なし。しかし、後半の「津軽海峡・冬景色」「どうにもとまらない」にはいい感触。杉本先生は、それとなく口ずさみ、じわりとアプローチしていきました。

マオくんが安定して聞けるようになってきたところで、勝負をかけます。その日から、「なのはな学級」から、杉本先生の艶のある歌声が毎日聞こえてくるように…。それも、かなり本気の歌声なのです。

石川さゆりの「津軽海峡・冬景色」。こぶしをきかせて「さよならあなた」、「わたしは帰ります」と歌うと、津軽海峡に雪が降り、そこに一人たたずむ女性の情景が広がり、郷愁をさそいます。

そして、その声が一転して、山本リンダの「どうにもとまらない」に変わります。「ちょう」になったり、「はな」になったり…杉本先生も「どうにもとまらない」ようです。

杉本先生は小柄、山本リンダのすらりとした長身とは対照的です。しかし、腰をくねらせた勢いある動きは山本リンダにも、まさるとも劣りません。杉本先生の歌と踊りの中心には、マオくんがいました。小さな児童用机のまわりを、マイクを持って踊りながら歌い歩く杉本先生の姿には異様な迫力があります。マオくんに、まさに「ねらいうち」というところ…。

日々の積み重ねの中で、マオくん自身が「津軽海峡・冬景色」や「どうにもとまらない」

のフレーズを口ずさむようになりました。杉本先生は、はじめは聞いているだけ。マオくんが頻繁に歌うようになってきたところで、小さな声で一緒に歌ってみたとのこと。特に嫌がる様子もなく、そばに行って歌ったり、少し大きめの声を出して歌ったりしてみました。それでも嫌がることはありませんでした。この時に、杉本先生は、「ようやく安定したコミュニケーションがとれたような気がした」と回想しています。

マオくんとの出会いから1年間、「なのはな学級」で受けとめて、ようやく安定したコミュニケーションがとれると確信し、杉本先生にも安心感が広がりました。

マオくんも在籍した「なのはな学級」２００８年度の1年間、杉本先生は、学級が学校全体で支えられるようにと願って学級づくりを進めました。一定の安心感を得たこともあり、マオくんたちを受けとめる土台はつくったと感じたようでした。

杉本先生は50歳を過ぎた頃から、現場をひくことについては意識していたようです。「後は、学級の担任と学校の職員集団が自分の頭で考え、悩みながら実践を進めればいい」「教育現場を中からではなく、外から見て考える、変えるという選択肢もあるのでは」という考えが確信に変わっていきました。

杉本温子先生は、「なのはな学級」でマオくんたちとの1年を過ごし、２００９年3月末をもって退職。54歳を前にしての決断でした。

「すん（プン）」「はて？」「どや！」

杉本先生は、学校教育を外から見る場を模索しながら、2009年4月、奈良教育大学大学院教育学研究科に入学します。大学院時代を中心に、特別支援教育についての研鑽をしつつ、自らの特別支援学級での実践を振り返って、大切にしたいことを整理していきました。

ここに収録している3つのパンフレット（A5判の手づくり冊子）と1つの論考は、杉本先生が、これからの特別支援教育を担う人たちを意識して、大学院時代を中心に作られたものです。

『楽しい合同学習のいろいろ　特別支援学級での子どもたちの活動を豊かなものに』（2011年）
『笑顔が増える支援を！　オノマトペで楽しむ作品作り編』（2012年）
『笑顔が増える支援を！　簡易支援ブック』（2020年）
『ことば環境と子どもの発達支援』（修士論文、2013年3月、最終章のみ）

テーマの設定からは、「楽しい」「笑顔が増える」「豊かなことば環境と発達支援」が共通のコンセプトであり、杉本先生の強い思いであったことがわかります。杉本先生自身、小学校の職場では、「すん」としており、学校での特別支援学級や子どもたちの処遇がおざなりになっている現状に対して内心、怒って「プン」としていたことがありました。表面的には「笑顔」というより、「はて?」「どうなん?」という疑問符を抱いた表情をされる先生でした。その杉本先生が「笑顔」をとりたてて、強調しているのです。杉本先生の「笑顔」は、「はい、笑って・笑って…パチリ」という「笑顔」ではありません。内面からわき起こってくるような、喜びや楽しみ、達成感、やってやったぜという感覚からのニンマリなど、子どもたちが真に受けとめられ、安心して素の自分を出しているところ、それを仲間とともに共有するところに成立するもののように感じます。

自作のパンフレットや論考を持ってきた時の杉本先生の口癖は、「どや!」(ニンマリ)だったことを思い出します。杉本先生の実践のエッセンスをみなさんとともに分かち合いたいと思います。

(玉村公二彦)

楽しい合同学習のいろいろ

特別支援学級での子どもたちの活動を豊かなものに

小学校特別支援学級での取り組みから、楽しい合同学習のいろいろを紹介します。

PAMPHLET PRODUCED BY TEACHER SUGIMOTO（2011）

障害や特性の違う子どもたちが集まる特別支援学級。

それぞれの子どもに合った取り組みが必要です。

しかし、個別学習だけにこだわらず、基礎集団（特別支援学級に在籍する複数の子どもたちの集団）を育てることも、一人ひとりの力を伸ばすことにつながるものがあるのではないでしょうか。

通常の学級での生活の中で他の児童から受ける影響ははかりしれません。また、その中で子どもたちはどんどん伸びていきます。

そして、同時に小集団（基礎集団）でのたくさんの成功体験が自信ややる気につながり、大集団に入った時に過ごしやすい力につながると考えました。そのためには、子どもたちが様々なことを体験しやすい環境の中で、個々の力を引き出しながら、基礎集団での関わりを高めていく必要があります。

特別支援学級が、小さな社会として多種多様な経験ができる場となり、子どもたち同士のつながりを学ぶ場となって充実されたものになり、さらに学んだことを子どもたち自身がひろげていってくれることを願っています。

子どもたちにとって、様々なことが体験しやすい特別支援学級とは

・学習内容や活動内容の設定は、教材や教師のやり方から決まるのではなく、「子ども」からスタートされている
・教材に子どもを合わせるのではなく、子どもに合った教材を選択したり開発したりする
・「できないかもしれないけどやってみたい」と思える場面がある
・「もうちょっとやってみたい」と思わせて終了する演出がある（次回につなげる）
・たとえ課題ができなかったとしても「失敗体験」に終わらせない
・説明などがわかりやすく工夫されており、活動や行動する場所もわかりやすい
・「仲間」（自分以外の子）の存在が感じられる教師の言葉かけなど仕掛けがある
・指導する教師同士が信頼し合っている

合同学習を進めるにあたって

子どもたちそれぞれの課題や年齢が異なるので、合同での活動には無理があるのではないかと

いう考え方もあります。

しかし、工夫次第でできる活動もたくさんあります。

〝同じ活動をさせる〟という発想ではなくて、それぞれの課題を考えてみて何ができるか…？　できる活動は必ず見つかる！

それぞれの子どもたちの役割分担を決めることで活動が盛り上がります。学年やプライドも大切に！


たとえば、紙をビリビリやぶるのが好きな子、ハサミが使える子、複雑な線を切らせたい子が待っている時、「そうだ！　鯉のぼりを作ろう！」と子どもたちに鱗作りを任せるのです。

同じ形の鱗でなくてよいのです。

同じ形の鯉のぼりでなくてよいのです。

楽しい作品になります。


取り組んだ授業を紹介していきましょう。

No. 1

チャレンジタイム

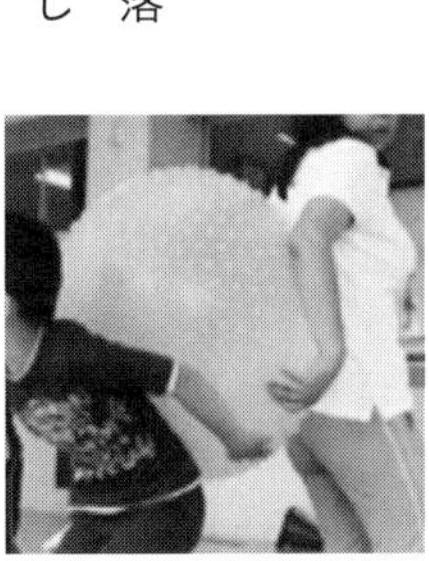

小さなボールを何個持つことができるか、ボールを持って平均台から落ちないように歩く、大きなボールで押し合いっこなど、感覚統合を意識した運動タイムです。

障害をもつ子どもたちの中には、自由自在に体を動かすことが容易ではない子どももたくさんいます。でも体を動かすことは大好きという子も多いのです。


「簡単にできるもの」

「ちょっと頑張ればできるもの」

「できないかもしれないけど、やってみたくなるもの」

などの内容設定と、子どもたちが自分の体を意識して動きをコントロールできる場面をつくることなどの工夫があれば、日常生活の中でも生かせる活動になります。

No. 2

チャレンジウォーク

大また歩き・ちょこまか歩き・ロボット歩き・後ろ歩き・バレリーナ移動・どすこい歩き・蛇歩きなど、楽しい名前をつけ、内またや外また、全身をくねらせたり、四つばいになったり、いろいろな歩き方をします。

ただし、練習をして完璧な歩き方を目指すというのではなくて、「あの歩き方したい!」、子どもたちがそう思えることで複雑な動きの歩き方にも笑顔で挑戦してくれる…それがねらいです。

内また歩きや外また歩きは、自分のつま先を意識できる

No. 3

チャレンジウォーク　パート2

いろいろな歩き方に慣れてきたら、

・ボールを頭の上で持って体をくねらせながら前に進む

・1歩進んだら止まってその場所でフラミンゴ（片足立ち）や体を後ろにそらせるなど、ポーズをとってまた1歩歩く

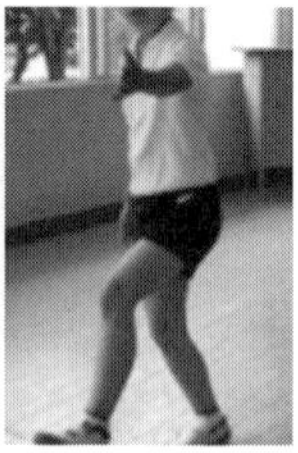

・ウレタン製の積み木を赤ちゃんに見立てて抱っこをしたりおんぶをしたり、あるいは宅配便のように片手で持ったり、大工さんのように肩に担いで歩いたりするなど2つ以上の動作を組み合わせた歩き方や、道具を持った歩き方などに発展させていくことで、子どもたちは「次は何だろう？」と意欲をもって取り組んでくれます。

No.4 ひもを使った運動

10センチ程度の幅、子どもの両手を広げたくらいの長さの布を使用します。

ねじり鉢巻き・ほうかむりなど頭に巻きつけたり、目隠しやたすき掛けをしたり、背中を洗うしぐさをしたり、ひもを用いた体操、しっぽとり…。先生とひっぱり合いっこの次は友だちとひっぱり合い。そして自然発生的に綱引きに！　ひもが1本あればいろいろなことができます。

使い終わったら、きれいにたたむのも大事なこと。最後まで真剣に取り組みます。

No.5

ボールをポン

大きなバランスボールを手ではじきます。運動場で遊んでいる時、急にボールが飛んできたら！サッとよけてほしい、両手を出してボールが顔に当たるのをさけてほしい…。

そんな願いからうまれた「ボールをポン」。ボールを投げたり受けたりすることもできるようになってほしいけれど、まずはボールをよけたりはじきかえしたりして、自分の身を自分で守れる技をつけてほしい、そんなふうに願っています。

No.6

チャレンジヨガ

はじめは、体の力が全くといっていいほど力を抜けなかった子どもたち。何度か行ううちに上手に力を抜き、リラックスできるようになりました。ゆっくり体を動かすことで様々な動きをコントロールする力に。

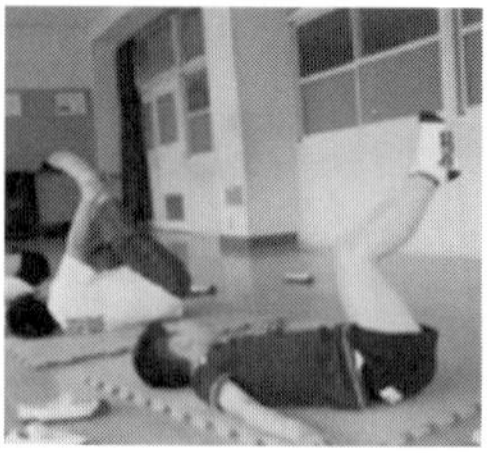

「できた！」につなげるひと工夫

マットの置き方を工夫することで前まわりが成功したり、角材を2本並べた間にボールを置いて転がすとまっすぐ進んだり…。その子にとって成功しやすい設定をすることも大事なポイントです。

はじめは、「集まって話を聞く」なんてとんでもない！　みんなバラバラでした。でも集まって話を聞くとワクワクドキドキすることが待ってるよ！　そんな思いでプログラムを組み立てました。

授業中に「みんなで同じことをしましょう」と言ったことはありませんが、様々な取り組みを通して、みんなで一緒に活動する楽しさを子どもたち自身が感じてくれたようです。

No. 7

パイプいすを使って

高学年になると体育館での行事などで、いすを並べる仕事を任されることがあります。その時に子どもたちの負担を少しでも少なくしたい、生き生きと楽しくいす並べをして活躍してほしい…そう思い、取り入れました。

閉じているパイプいすを広げること、横1列に並べること、そして自分が用意したいすに座ること…どれもが子どもたちにとって新鮮な経験です。

いすに座っている姿勢からのスタートで始めたり、いすを使ったゲームに発展させたりすると、パイプいすが身近に感じられるようです。

No.8 どきどきサイエンス

通常の学級での理科の実験・実習などでは、特別支援学級の子どもたちは、決して置き去りにされているわけではありませんが、はじめ興味津々で一番前に陣取って実験の説明を聞いていても、いざ実験が開始されるとちょっと下がって見ていたり、誰かに手を添えてもらったりするなどの消極的な参加になることも少なくありません。

もっともっと、科学の不思議さ、実験のおもしろさを知ってほしい…そう願って特別支援学級でも実験の時間を設けてみることに。

先生は白衣を着て登場。
「何が始まるの？」
子どもたちの緊張の一瞬

子どもたちが興味深く参加できそうな実験を考えました。また、健康診断など保健行事に抵抗のある子どもも多かったので、養護教諭の協力を得て、聴覚検査・視力検査・身体測定などを「検査」ではなく「楽しい学習の一つ」として取り組み、聴力検査の道具を自分でじっくりさわってみたりして、「自分の体を知ろう」という授業も行いました。

どきどきサイエンスでは、雰囲気づくりが大事です。プリンカップや発泡スチロールなどの容器で十分間に合う実験であっても、あえてフラスコやビーカーなどの実験器具を使用します。アルコールランプや顕微鏡なども、できるだけ取り入れるとよいでしょう。

自分が科学者になったようなワクワクドキドキの時間です。〝子どもたちをビックリさせたい!〟そして、教師側もワクワクドキドキしながら取り組みたいですね。

【あぶりだし】

おなじみの実験。レモンやミカンの果汁・酢などを用意し、その液体で紙に絵を描きます。電熱器などの上であぶって熱を加えると絵があらわれるということを、なんとなく知っている子も多いので、どんな演出をするかが教師の腕のみせどころ!

【スライム】

色つきスライムを作ることが多いと思いますが、鉄粉を混ぜたスライムを作ると、スライムが磁石を飲み込もうとする動きが見られておもしろい。ビニールシートに水性のフェルトペンで絵を描いて、透明のスライムに押しつけると絵がスライムにうつります。スライムを伸ばすと絵も伸びるので、これまたおもしろい。

【マロニーを油で揚げるとどうなるか？】

火や油を使うので教師が実験を行い、子どもたちは見るだけになりますが、それでもインパクトがあります。油で揚げるとどうなるか？　それはご自分でやってみて！

【10円玉クリーニング】

酢やクエン酸を使って10円玉をピカピカにします。

自分の目でその変化を見ることができるので、楽しめる実験の一つ。

No. 9 どれみふぁタイム

歌あり、楽器あり、ダンスあり…の音楽全般で、音楽療法的な要素も意識した学習です。

具体的な活動としては、

【リズムうち】

教師の手拍子をまねて、リズムうちをする。リズムリレーも。

【鍵盤ハーモニカ】

曲を仕上げるというよりも、単音で模倣します。ドドド＝ドドド、ドードドー＝ドードドなど。ファンファーレもかっこいい。

【ドレミパイプ（ブームワッカー）】

長さの異なるポリエチレンのパイプで机の上などで叩くことで音階が出ます。担当を決めて（一人1音か2音）ドレミの歌などを演奏。誰がどの音を担当するかでもめることもありますが、それも大事な経験です。

【絵描き歌】

「たこにゅうどう」「コックさん」などオーソドックスなものから、動物・乗り物・道具など様々な絵描き歌をします。

絵描き歌をやってみたら…

●顔の輪郭は描けても目鼻の位置がつかめず目を重ねて描いていた子どもが…

♪お豆が３つありました〜♪という「たこにゅうどう」の絵描き歌をしてお豆を３つ描けたことで、それまで重ねてしか描けなかった目の位置がちょうどよい場所に描けるようになりました。

●何を描いても形が定まらず、ぐるぐる描きになってしまう子どもが…

いろいろな絵描き歌をしているうちに、三角らしい形、四角らしい形、楕円、細い、長い四角など次々に描けるようになりました。

No.10

アンサンブルタイム

合奏の時間として設定しましたが、いろいろな楽器を出すのではなく、あえて木琴・鉄琴を中心にし、曲によってはドラムとシンバルを入れる程度にしました。

チャイコフスキー「白鳥の湖（四羽の白鳥たちの踊り）」では、音楽に合わせて「ラ」と「ミ」だけで演奏しました。

力まかせに叩くのではなく軽く〝はじく〟のは、子どもたちにとってけっこう難しい動作ですが、力の入れ方や抜き方などコントロールする経験としては、よい方法の一つではないでしょうか。

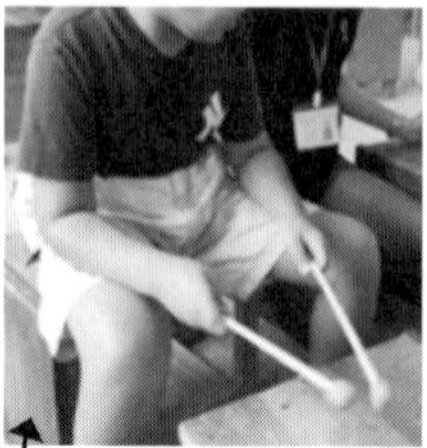
いすの上でバチの練習

【音を鳴らすことだけではなく音を鳴らさないことも意識】

木琴のバチを持つと、たいていの子どもたちは好き勝手に叩き始めますが、ある程度曲の流れを感じるところまでいけば、まず曲の最後の1音だけを指導します。

「ジャン！」と1音鳴らした後は「シ〜ン…」といっさい音は鳴らさないようにできると、実際には1音しか鳴らしていないのに「やったー！」という気分になります。

これができると曲の途中の休符が上手にとれるようにもなり、たとえ途中は演奏不十分であっても、最後の音をみんなそろって鳴らせると達成感や成功体験につながり、「また、次頑張ってみよう」という気持ちがわいてきます。

ハイドン「びっくりシンフォニー」は、最後の部分で大きなシンバルをジャーンっと鳴らすとかっこいいです。ティンパニなどの打楽器も取り入れると迫力が出ます。

No.11 どきどきリコーダー

ロングトーン（音を長く伸ばす）やタンギング（舌で音をきる、出したり止めたりする）などの練習も、伴奏を工夫することで、単音だけでも「ふけた～！」という達成感が得られます。

曲を仕上げることが最終目標だとしても、まずは、リコーダーの音色を楽しみ、息使いや指使いに慣れることに十分時間をかけたいと考えました。

吹き口をくわえた感触や音の出し方を体感してほしい、1音1音を大事

に吹いてほしい、きれいな音色を感じてほしいとの願いから、メロディをすべて吹くことをせず、あえて1音から多くても2、3音だけを使い演奏するようにしました。できれば、教師も一緒に、はもったり対旋律を吹いたりして、音の重なりや響きを感じられるようにすれば、リコーダー演奏そのものを楽しめるよい時間となります。

「線路はつづくよどこまでも」の汽笛の部分を吹いたり、「メリーさんのひつじ」の〝ひつじ〟の部分を吹いたりしてみましょう。先生の吹くまねをする「ふえ問答」も楽しいです。

No.12 にこにこタイム　あいうえお

言葉遊びを楽しむこと、そして自分の声を意識して話すということを主なめあてにした学習です。

絵本『まめうしあいうえお』（あきやまただし、PHP研究所、2004）などを用いて、抵抗なく発語できるようにすること、言葉の3つの要素である、発語、意味の理解、コミュニケーションを大切に考えて進めることなどに気をつけました。

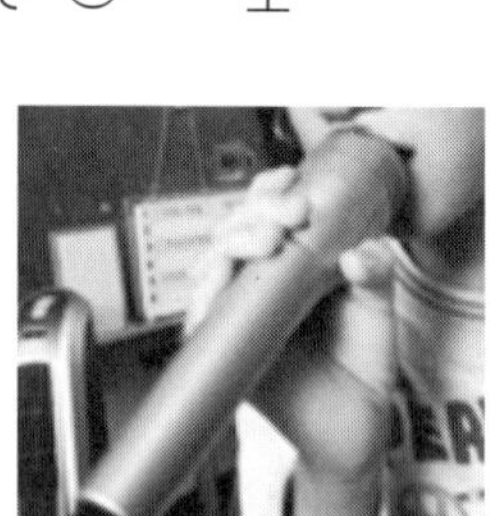

マイクを使って

先生の後に続いてみんなで言ったり、一人で言ったり、順番に言ったりする中で、声の大きさや表情などにも気持ちが向いていきます。

時にはマイクを使うことで、ワクワク感や意欲につながり、場も盛り上がります。

おしゃべりの上手な子であっても、「ないしょ話の声」ができなかったり、「笑顔で言う」時に意外と笑顔がなかったりすることがあります。声を出すいろいろな場面を設定してみることで、その子の新たな面を発見することもあります。

No.13 どきどきアート

作品作りが主な活動です。

時には時間をかけた大作もよいのですが、その場でできあがり、すぐ飾ったり遊んだりできるものをおすすめします。

ただやぶっただけ、切っただけ、貼っただけ…。でも、ちょっと先生が工夫すると作品としてよい仕上がりになる教材もたくさんあります。

〝先生が手伝った〟という印象ではなく、〝自分が作った〟と思えるような演出はもちろん必要ですが、自分が作り、目の前で掲示するという一連

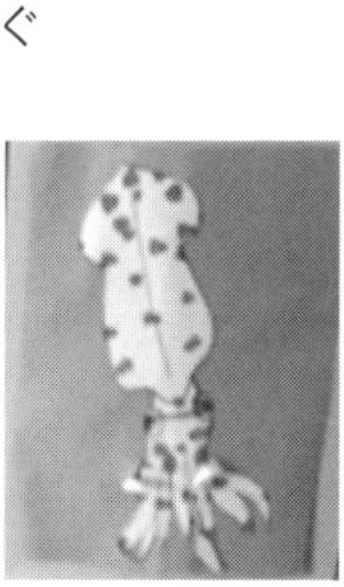

の作業が繰り広げられることで、「わぁ～！　できた！」という喜びになり、「今度も何か作ってみたい！」というやる気と自信につながります。

まっすぐ線を描くことが好きな子には、画用紙一面に線を描いてもらい、目の前でシマウマの形に切り抜きます。シマウマを描かせようとするのではなく、好きな線描きが「ほら、こんなにすてきなアートになったよ」と自分の力にビックリさせることが大事。創作意欲がさらにわくのです。

自由に色を塗った画用紙を、ヘビの形に切り抜くのもおもしろい。立派なアートになります。

【紙皿のコマ】

自由に模様を描いた紙皿の中央に穴をあけ、ビー玉をつけます。上に筒状のものをつけるとコマのできあがり。壁にひもを渡しコマを差し込んで、ブランド物のお皿を飾るように並べます。作品の飾り方ひとつで子どもの反応は変わるのです！

【紙粘土の玉のれん】

絵の具で色つけをした紙粘土をコロコロと丸め、ひもに通して作る玉の

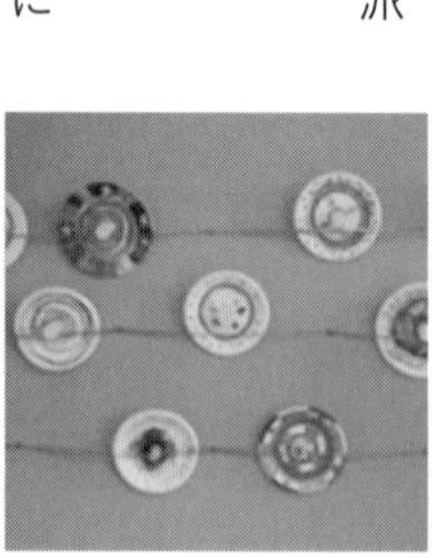

れん。手が汚れるのが嫌だったり、感触が苦手だったりする子もいますが、できる子どもたちでコロコロ…。そのうち自分もやりたくなって知らない間に参加していることも。

できればいくつか作って保健室や特別教室などにつりさげてもらうと、他の子どもたちとの交流のきっかけにもなります。

【実物大の自分を作ろう】

床に敷いた大きな紙の上に寝転がって体の形をなぞって描きます。色画用紙の服を着せ、その子らしいポーズで天井や壁に飾ります。この活動で自分の体の形を理解できた子もいました。

No.14 ぱくぱくタイム

調理実習です。

インスタントラーメンやカップ麺にも挑戦しました。楽しかったものをご紹介します。

【ぎょうざ】

〝包む〟を作業のメインにしました。ヒダを作るのはもちろんのこと、包むことさえ大変な作業。でも、自分で作ったものは、焼いてからも「これはボクが作った！」と言いあてます。

【手巻きずし】

具材はきゅうりやウインナーなど。具材はあえて一人ずつ分けないで、真ん中にどんと置いて自分で選ぶスタイルもいいものです。〝自分の食べたいものを自分で選んで巻いて食べる〟とても大事な力です。

【流しそうめん】

学校の裏山の竹をいただいて作りました。

流れてくるそうめんをなかなかつかめない子どもたち。でも、お箸をフォークに持ちかえたり、場所を変えたりして工夫していました。

＊＊＊

かねてから特別支援学級の担任として試行錯誤しながらも楽しくやってきた授業をまとめておきたいと考えていました。

基礎集団を育てることとはどういうことなのか…。

基礎集団を育てることではたして個々は伸びていくのか…。

自問自答が続く日々でしたが、合同学習を重ねていくうちに子どもたちは見事に変わっていきました。

うつむいて廊下を歩いていた子が生き生きとした表情でしっかり歩き始め、言われるがままだった子が自分の意思を表現し始め、まわりのことに興味がなさそうだった子が隣に座る子を意識し始め、どの子もキラキラした目で
「もっとしたい！」

「もっとわかりたい！」

「もっとできるようになりたい！」

と伝えてくれるようになりました。

あらためて基礎集団を育てる合同学習をやってきてよかったと思います。


（杉本温子）

笑顔が増える支援を！

オノマトペで楽しむ作品作り編

作品を上手に仕上げるのも大事だけれど、仕上がるまでの工程をいかに豊かに楽しむかを大事に！

オノマトペとは、もののようすや音をあらわした言葉です。「ペタペタ」「びりびり」「ぐるぐる」などおもしろい響きの言葉からスタートすることで、負担や抵抗が少なくなり、「これならできそう！」「やってみたい！」と親しみをもち、ワクワクできる場面が増えることですてきな作品ができあがるのではないでしょうか。たとえ作品として仕上がらなくても、大人に手伝ってもらったとしても、一つひとつの動作や作業が楽しいものになるよう工夫することで、自信や喜び、達成感などを引き出し、さらに成功体験につなげることができます。

No.1 ペタペタ

〝ペタペタ〟貼るのが大好きな子どもは多いです。

決められた貼り方でしかできあがらない作品ではなく、少々歪んでいても、重なっていても、自分で「すごい！」「できた！」と思えるような作品にしたいものです。

【スプーン人形】

プラスチックのスプーンに画用紙の服を両面テープで貼りつけます。洋服の模様としてシールなどを貼ります。動く目を貼るとおもしろいですね。持ちやすいので、子どもたちはできあがるとすぐに遊び始めます。

【クリスマスツリー】

シールやスパンコールなどの飾りを貼ります。のり、セロテープ、ボンド、両面テープなど何が必要か考えるのも楽しいです。

【雪だるま】

やせている雪だるまに細かく切った紙を貼って太らせます。子どもたちはペタペタと無造作に貼っているようでも、どうしたら丸くなるか…と考えながら貼っています。

【おめでとうメダル】

マドレーヌなどのお菓子に使うような、少し厚めのしっかりとしたアル

ミカップを用意します。アルミカップを広げ、内側にシールなどを貼ります。アルミカップのほうに両面テープをつけておくと、フェルト製のものや小さなスパンコールのようなものでも貼りやすいです。

メダルは運動会など子どもたちが頑張った時に作ることが多いですが、学期末や学年末にも使えます。また、特に何かのイベントがなくても、「カゼをひかずに過ごせたね」とか、「お手伝いできたね」という日常生活の中で、自分の頑張りが気づける道具としても活用させたいですね。

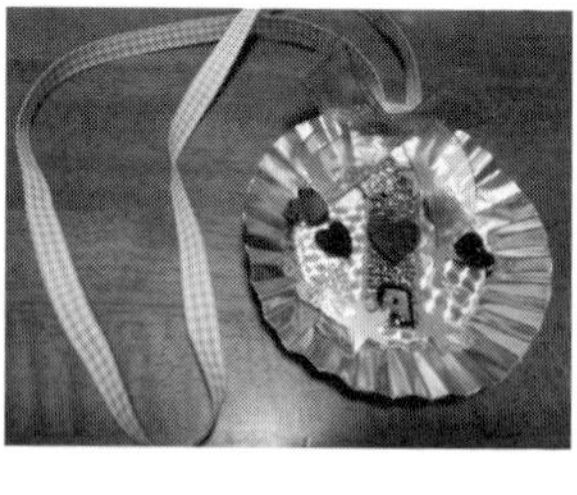

No.2 ふわふわペタペタ

【動物シリーズ　綿のひつじ】

綿を貼ってみましょう。綿の〝ふわふわ〟感を楽しみながら〝ペタペタ〟貼って、もこもこの羊を作ります。綿を適当な大きさにちぎることも、貼りにくさも、大事な経験です。

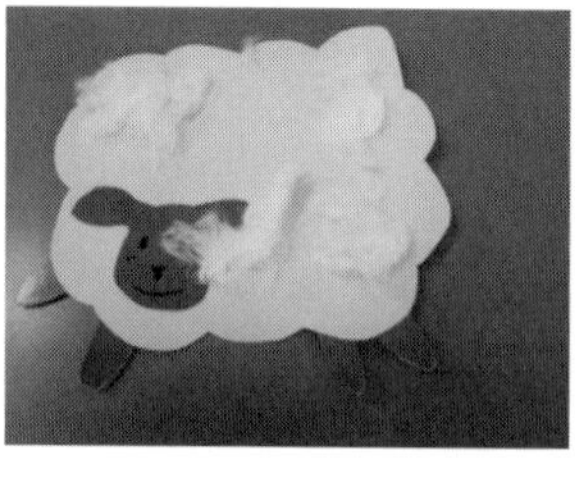

No.3

ぴゅ〜ん

【輪っかとストローのひこうき】

幅2センチ、長さ10センチと20センチの紙を、それぞれ輪にしてストローの両はしにセロハンテープでつけます。小さい輪のほうを前にして〝ぴゅ〜ん〟っと飛ばします。

No.4

ぱっちん

【ホッチキスを使ってみよう】

ホッチキスは針が危ないので、登場することは少ないですが、人差し指でホッチキスをどう支えるか、親指にどれぐらいの力を入れればよいか……など、子どもには新鮮な活動になるのではないでしょうか。

〝ぱっちん、ぱっちん〟ととめていき、自由な立体の作品を作るのも楽

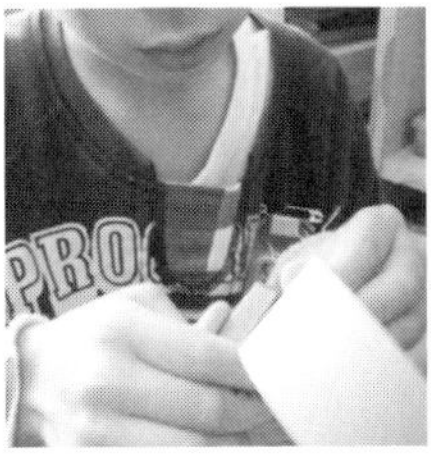

しい。時には、分厚い冊子などをとめる大型のホッチキスに挑戦するのもよいですね。

どのぐらいの力加減で〝ぱっちん〟とするととまるのか、いろいろ経験することが子どもには大切なこと。

No.5 びりびり　ぱちん

【動物シリーズ　洗濯バサミ】

色画用紙を〝びりびり〟とやぶって、洗濯バサミでとめるだけの作品。

自由にやぶったものを「何に見えるかなぁ…」と話しながら足などに見立てた洗濯バサミを〝ぱちん〟とつけていくと、動物や恐竜などができあがります。

もちろんはじめからイメージしたものを〝びりびり〟とやぶって作っていってもよいですね。何といっても洗濯バサミで作品が立つのが魅力的！

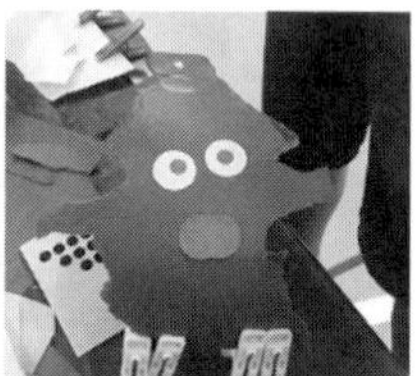

No.6

ぽんぽん

〝ぽんぽん〟と画用紙に絵の具をつけていくだけの単純さが説明抜きに楽しい！

リズミカルに腕に響く〝ぽんぽん〟のおもしろさを十分に味わった子どもたちは、そのうちびゅーんと腕を伸ばして画用紙に線を走らせたり、色の濃淡の変化を発見したり、何かの形を作ったりし始めます。決めたものを作らせるだけではなく、子どもたち自身が作り出せるような〝ぽんぽん〟体験であってほしいです。

No.7

とんとん

道具を使って〝とんとん〟を楽しみましょう！

少々曲がっても、何本も打つうちにコツがわかってきます。金づちをしっかり持ち、手に響く〝とんとん〟を楽しんでほしいです。板はコルクボード、

釘はホームセンターで見つけたブルーのものを使ってカラフルに。等間隔に釘を打って、色や太さの違うゴムを何本もひっかけると思わぬ図形ができあがったり、文字を作ったりできます。釘をたくさん打つのに飽きてしまいそうなら、数本打つだけでできあがる作品を作ってみましょう。

写真の作品は、「お父さんの顔」。大きな釘をダイナミックに打って目にします。小さな釘は髭にします。大きな釘を打って自信がついたら小さな釘に挑戦してもよいし、少しの力で打てる小さな釘に慣れてから大きな釘を打ってもよいです。

釘を打つだけではなく、あらかじめキリなどで穴をあけ、ネジを差し込んだり、ボンドで小さな部品を貼ったりして形を作ってみましょう。

No. 8 くしゃくしゃ

【ゆらゆら揺れるおひなさま】

「こんなふうにくしゃくしゃってするよ」とフラワーペーパーを丸めた見本を見せると、あっという間にたくさんの〝くしゃくしゃ〟を作ってくれました。
自分でできることがうれしいからでしょう。

【鯉のぼり】

フラワーペーパーを丸め、透明のセロファンの袋に詰めていきます。画用紙で作った目をつけ、しっぽのところをセロハンテープで形づけます。
〝くしゃくしゃ〟は、力を入れすぎると小さな塊になってしまうので、ふんわりさせるのがポイント。力を入れることよりも、力を入れずに〝くしゃくしゃ〟することのほうが難しいのです。

No.9

ゲロゲロ

【カエルのコップ】

紙コップの底に穴をあけ、曲がるストローを差し込みます。穴のところにストローの蛇腹がくるようにして上下させると、〝ゲロゲロ〟とカエルの鳴き声がします。

No.10

でこぼこざらざら

紙や木など、いろいろな素材にクレパスなどで色を塗ってみます。〝でこぼこ〟や〝ざらざら〟する感触をたっぷり楽しむことで、素材に注目でき、塗り方を工夫できるようになるのではないでしょうか。

No.11

くるくるふぁ～

【節分のオニ】

色画用紙を〝くるくる〟巻いた後、〝ふわぁ～〟となるよう形を戻してオニの顔を作ります。

巻くという動作が難しい子どもには、ラップの芯などに画用紙を巻きつけて〝くるくる〟するとよいでしょう。頭にはツノや毛糸の髪の毛を貼り、小さな体をつけるとコミカルなオニのできあがり。

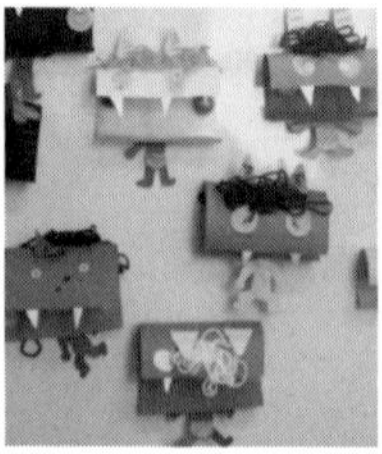

No.12

びりびり　さくさく

紙皿2枚を合わせて、中にすずなどを入れてまわりをセロハンテープでとめます。たてがみに見立てたビニール製の平テープを、適当な長さに切って貼りつけ、〝びりびり〟割いたらライオンのタンバリンのできあがり。

平テープをペットボトルのまわりにセロハンテープで貼りつけたら、ペットボトルの応援用ポンポンです。

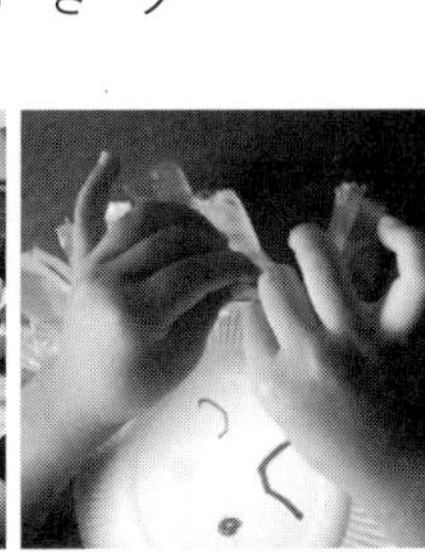

No.13

ぎゅうぎゅう　ふわふわ

【レジ袋の人形】

ビニールのレジ袋に綿を〝ぎゅうぎゅう〟詰めます。たくさん詰めたつもりでも、けっこう〝ふわふわ〟しています。そのふわふわ感がいい！　輪ゴムや適当な長さで輪にした平ゴム、ひもなどで首のところや手足、しっぽになるところなどを巻きます。

写真の作品は「ゆきだるま」。持ち手を結んで耳にすると「うさぎ」になります。動く目と口にピンクのテープを貼ると表情が出てきます。

No.14 ぐるぐる

［動物シリーズ　巻く］

手首を使って〝ぐるぐる〟巻くのは、けっこう難しい動きです。

厚紙でシマウマの体やライオンのたてがみになるドーナツ型を作ります。そこに、毛糸を〝ぐるぐる〟巻きます。ライオンは毛糸を巻く部分が輪になっているので巻きにくいですが、それも大事な経験。

牛乳パックに毛糸を巻いたらカラフルな小物入れになります。

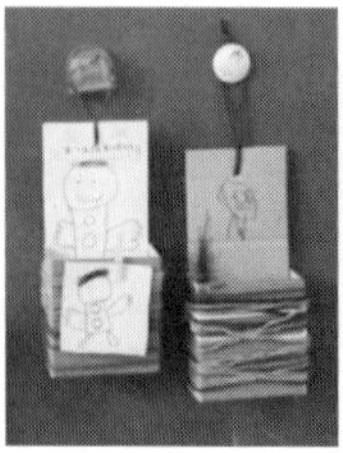

No. 15

ぴょ〜ん

【紙コップロケット】

紙コップを2個使います。1個の紙コップの飲み口に4か所切り目を入れ、輪ゴムを交叉してつけます。もう片方の紙コップには好きな絵を描いたり、シールなどを貼ります。

輪ゴムをつけたほうの紙コップの上に、もう片方の紙コップを重ねて手を離すと上の紙コップが〝ぴょ〜ん〟と飛んでいきます。

とんだ時に見えるように、両方の紙コップの底にも絵を描きましょう。不安定なものや柔らかいものに絵を描くのも、子どもたちにとっては貴重な経験。

遠くまで飛ばそうとしますが、いつどんなふうに上の紙コップを離していいのか、タイミングがつかめない子どもたちです。

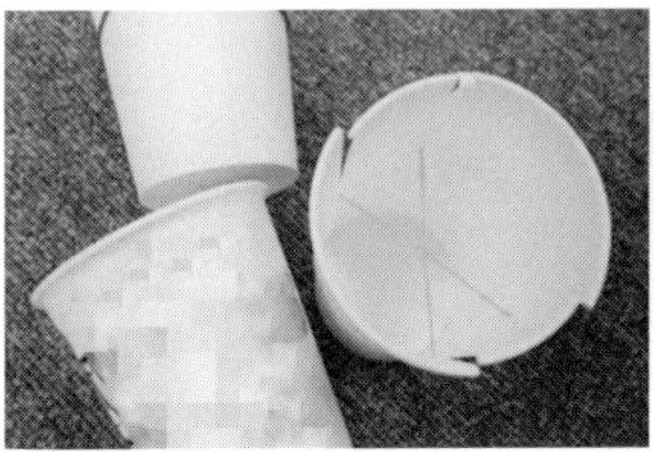

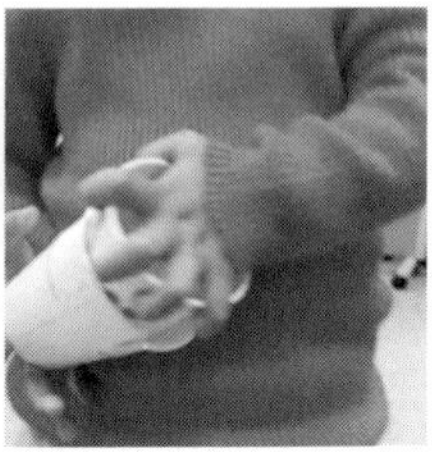

No.16

ぐいっ

厚紙や薄手のスチレンボードなどに切り込みを入れ、切り込みから切り込みへ〝ぐいっ〟と力を入れてひもや毛糸を渡していきます。

星型の厚紙に切り込みを入れて毛糸を渡していくと裏にも星が！

No.17

ふぅーふぅー　びろ～ん

【傘ぶくろのおばけ】

雨の日に建物に入る時、入口で用意されている細長い傘ぶくろ。そのふくろに画用紙やシールで作った目を貼り、油性マジックで口を描きます。手や髪の毛などをつけます。〝ふぅーふぅー〟と息を吹いて空気を入れ、輪ゴムなどでしばります。

しばったところを持って、〝びろ～ん、びろ～ん…〟と揺らしながら子

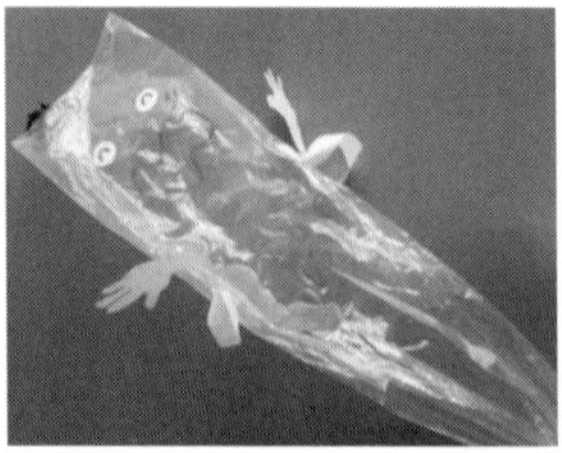

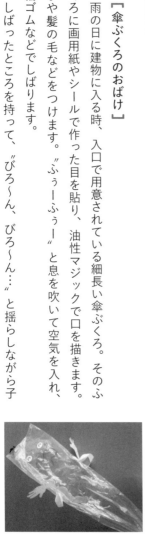

どもを追いかけて遊びます。子どもは、「きゃあきゃあ」と楽しそうに逃げまわっていました！

No.18

ちょっきんぺたん

〝ちょっきん〟と細かく切ったストローと、色とりどりのビニールテープを合体させ、画用紙に〝ぺたん〟と貼っていきます。

曲がるストローを3〜4センチに切ります。5センチくらいに切ったビニールテープをストローにつけて画用紙に貼ります。好きなところに貼っても楽しいし、道のようにつなげたりハート型など好きな図形を作ってもおもしろいですね。

すべての工程を行うことが子どもにとって負担になりそうなら、あらかじめ切ったストローにビニールテープをつけたものを用意しておきます。適当な大きさの段ボール紙に透明のビニールテープを全面に貼り、そこにストロー付きのビニールテープを貼っておくのです。ビニールテープがはがしやすいようにしておくと、子どもははがす楽しみも味わえます。

No. 19

くねくね

【くねくねとユニークな動きをするヘビくん】

牛乳パックを輪切りにしたものをセロテープで貼ってつなげていきます。頭の部分は輪切りにしたものを2つあわせ、目や長い舌をつけます。しっぽの部分を持つと左右に〝くねくね〟動きます。

No. 20

くるくる

細長く切った紙を鉛筆などに〝くるくる〟巻きつけてカールさせます。太さの違うものや紙の厚さの違うものなどを使い、どんなカールになるか試してみるのもおもしろいです。

写真は〝くるくる〟したものを、ふんわりカールの髪の毛にして作った顔。英字新聞やカラフルな広告用紙でもおしゃれな作品になります。

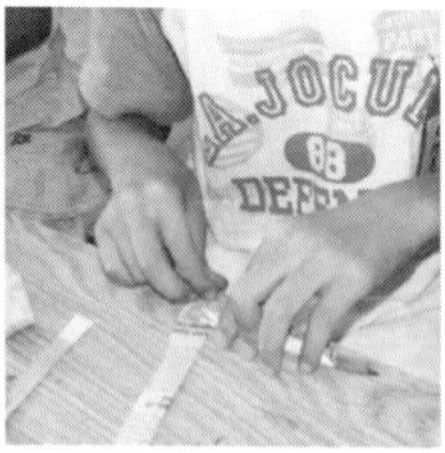

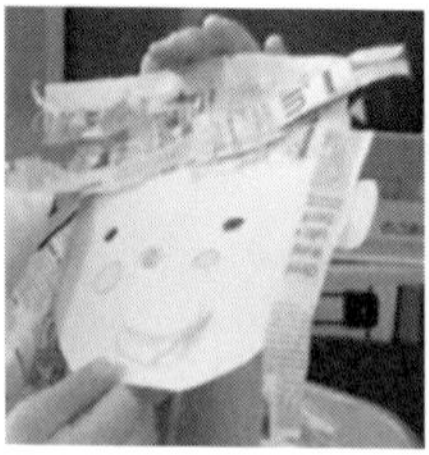

No.21

すーいすい

【磁石ですーいすい】

好きな形に切った色画用紙にゼムクリップをつけ、少し厚めの紙の上に置き、紙の下に磁石をつけて紙の上に置いたキャラクターを〝すーいすい〟と動かします。

No.22

ぱっちん　ぱくぱく

【節分のオニ】

角に見立てた洗濯バサミを〝ぱっちん〟すると、口が〝ぱくぱく〟します。オニの顔は長方形の画用紙をずらして折って作ります。体を作り、パンツを貼ります。パンツに模様を描きます。絵入りの色紙をパンツにしてもよいですね。ツノの場所に両面テープを貼り、洗濯バサミをつけます。こ

れで洗濯バサミが固定されます。

洗濯バサミをつまむと口が〝ぱくぱく〟。洗濯バサミは軽くはさめるものや固めのものがありますので、子どもの指の力に合わせて用意したり、いろいろなサイズや形のものから選ばせるようにしてもよいでしょう。

2本のツノのオニは両手で洗濯バサミをつままないと口は開きませんが、1本のツノのオニは片手で操作でき、開けやすいです。

＊＊＊

特別支援学級では季節の作品や壁面の飾りを作る機会があります。

何を作ろうかと、作るものを決めることから始めることが多いですが、視点を変えて子どもの実態を踏まえた上でどのような動きや作業がよい経験になるかな…というところからスタートしてみると、知っているようで知らなかった子どもの一面に気づいたり、課題が見えてきたりすることも多いものです。

微細運動が苦手な子は手首を回せなかったり使っていなかったりすることがあります。くるくると毛糸を巻く経験が、片手でボールを投げることや、給食当番でおかずをよそったりすることにつながることもあります。

オノマトペからスタートしてみることで、子どもだけではなく指導する側にとっても、ワクワクできる時間を共有することができるのではないでしょうか。

（杉本温子）

すぐれものの素材たち

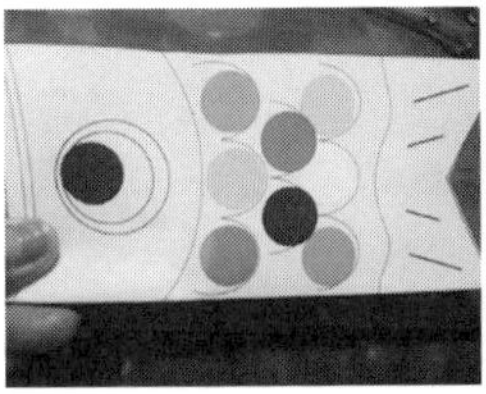
丸シール

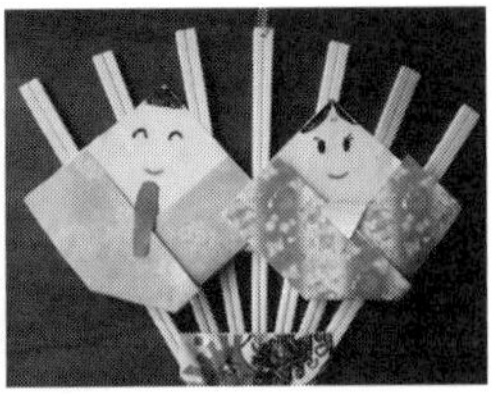
割りばし

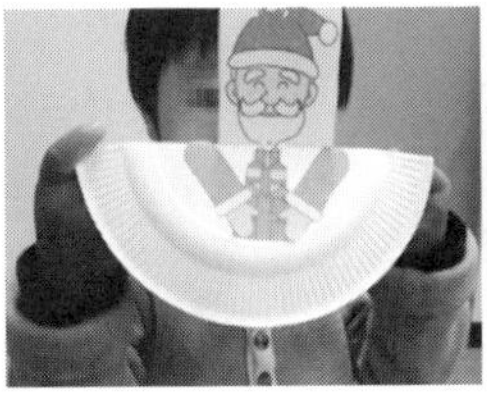
紙皿

動く目玉

綿棒
紙粘土を丸め１センチ角の薄い不織布の上から綿棒を刺した紫陽花

ペットボトルのふた
(色紙で包んで)

笑顔が増える支援を！

簡易支援ブック

発達も障害特性も違うそれぞれの子どもたちに、適切な対応や支援をするのは簡単なことではありませんが、少し視点やとらえ方を変えることで子どもに寄り添えるポイントを見つけることができます。

PAMPHLET PRODUCED BY TEACHER_SUGIMOTO（2020）

子どもの言動には必ず理由がある

〝教室で座っていられず走り回る、教室を出る子〟

たとえば、このようなことが考えられます。

・見通しをもてず不安
・時計は読めても、あとどれくらいで終わるか待っていられない
・聴覚過敏でいろいろな音をひろってしまい、先生の話が聞き取れず集中できない
・どこかで音がするとそれが何の音か確かめに行きたくなる
・視覚過敏で眩しすぎる
・視界に入るものが多すぎて疲れる
・感覚過敏でいすが痛いと感じる

・体幹の弱さから座位を保持しにくい
・その子の発達と学習内容にズレがあり楽しいと思えない
・指示がわかりにくく何をすればいいのかわからないのでつまらない
・苦手意識や失敗体験があると授業が苦痛で逃げ出したい
・自分のまわりの空間が広すぎて落ち着けない

などなど。

理由は様々で、理由があるから何をしてもよい、しかたないということではなく、理由がわかればその子どもに合った手立てが見つかる可能性が出てきます。

いつも簡単に理由がわかるわけではありませんが、何をしている時、どのタイミングで教室を出るのか？などを細かに観察することも大事です。また、どんな条件の時に落ち着いて座っていられたり集中できたりするのかがわかれば、それをもとに適切な支援を考えることができます。

それでいいよ。今できているよ

指導・支援する側の立場からすると子どもの不適切に見える言動をやめさせ、正しい方向に導きたい、他の子どもに迷惑をかけるような形にしたくないなどと思うあまり、その場を収めるため、行動を制止、抑制、矯正してしまいがちです。子どもは先生に叱られている、自分が何か間違ったことや悪いことをしているのだなと感じていますが、その行動をしている子どもなりの理由からすると、先生に「やめなさい！」「〇〇しなさい！」と言われても、なぜやめなければいけないのか、なぜしなければいけないのかわからず、事態が悪化してしまうことが多くなります。

子どもが落ち着きをなくしている時は正しいことを言っても伝わりにくいものです。先生とのやりとりが面倒だから、怖いから、もう疲れてしまったから…と指示に従うことはあるかもしれませんが、納得はしていないので解決にはなりません。

子どもはいつも不適切に見える行動をしているわけではありません。疲れきって落ち着いている時もあれば、たまたま気になることがなくてボーっとしている時もあります。不適切に見える行動が見られない時に、たとえ本人が努力していない時でも「あ、今いいねぇ」「それでいいよ」「あっているよ」「できているよ」と伝えます。

子どもが頑張って我慢できているととらえ、それを励ますためではなく、自然体で力が抜けていて落ち着いている時を見つけて、それでいいんだよと自覚させるのが目的です。

ダメなことはわかってもどうすればいいのか常に不安に思っている子どもにとって、「これでいいのか」「今は間違っていないんだ」と実感できる経験が大切です。

日常的にていねいな対応を！

何か問題が起こると、その場を収めるためとりあえず目に見えている問題をなんとかしたくなるものですが、直接そのこととは関係ないようなことでも、日常の中でのていねいな対応があれば解決策が見えてくることも多いものです。

大人の言葉がいくら優しい口調であっても、責められている、否定されていると感じてしまう子もいます。「何してるのっ！」「またこんなことやって！」「何度言ったらわかるの！」などの言葉や態度を浴びている子の多くは、自分のことをわかってほしいという意欲をなくしがちです。なにげない会話の中で「あれ？　どうして立ち歩きたくなったの？」と普段から聞くようにしていると、言葉が出る子であれば理由を本音でサラリと教えてくれることがあります。

また、予定表や写真など有効に使っていれば急な変更にも対応しやすくなります。どんな時にパニックを起こしやすいか観察して記録をとっておくと、大きな行事や初めて経験する場面などで、本人が混乱して困ることがなく成功体験になるように事前にしておけることが見つかったり、思いついたりできます。

優先順位を常に意識しておく

大事な話を子どもにしているつもりでも、客観的にみるとその話の中に種類の異なる大事なことがいくつも入っていたり、子どもに求めることが多かったり、余計な言葉がついていたりしていて、子どもにとってわかりにくいと気づけないことがあります。

話を静かに聞くこと、内容を理解すること、それを覚えて実行すること…など、どれを優先したいのかを支援者側が整理できていないと、支援しなければならないことがあれもこれもいっぱい出てきて、結局、子どもが混乱しどれもできないということになってしまいます。

今回は授業中立ち歩かないことがさせたいことなのか、学習内容を理解させたいのか、発表させたいのか、10分間だけは余計なおしゃべりをさせたくないのか、授業を楽しいと知ってほしいのか…どれを優先するかがイメージできると支援の仕方や方法がみえてきます。そうでないと「授業をちゃんと受けなさい！」という、子どもにとってわかりにくい具体的でないものを要求することになってしまいます。

優先順位が決まると何をどんな方法でどの場面を重点的に支援するのか、視覚支援などどんな準備物が必要なのか、支援しなくてもいいところや、支援しないほうがいいところはどこなのかなど、支援される子どもだけでなく支援する側もわかりやすくなります。

優先順位があとのものについては何もしなくてよいということではなく、一つのことができて子どもが自信をもち、落ち着き始めると時間はかかったとしても次の支援につなげやすくなります。

褒め方・叱り方

・褒めるということ

褒められるのはうれしいことで子どもが成長・発達していく上ではとても大事です。

しかし生活年齢や発達年齢、障害特性にもよりますが、とらえ方にアンバランスがある子どもの中には、自分が褒められた行動だけがよいことだと思い込み、それができない友だちを非難してしまう、違う場面の時でも褒められた時の行動の形だけをしてしまうなどして、失敗体験になってしまうことがあります。

発達障害の子どもの中には活発で自分勝手に見えていても、まわりとの違和感から自信がなく、自分を否定的にとらえる子どもは多くいます。褒められることで自信がもて、次へのステップアップや新しいことへのチャレンジにつなげていったりしていくことが大事です。

たとえば、「今日は手をグーにしてすぐに鉛筆投げなかったね。手をグーにして我慢するいい方法を思いついてすごいね」など、自分が認められ成長できているのだと自覚できる、具体的な褒め方を求めている子どもが多いかもしれません。

・どんな時に叱るか

たとえば、

体を張ってでも叱る：危険なこと、命に関わること
凛とした態度で叱る：人権に関わること

など、本気で叱るのはこの時だけというラインがなく、大人の都合やそれが常識だからとどんなことも同じトーンで叱っていると、子どもの中では慣れてしまい、何を言われているのかわからないまま嫌な時間だと混乱してしまう子もいます。

どうすればよいかわからず、不適切に見える行動をしてしまう子どもも多いので、叱るというよりも時間をかけて繰り返し適切な方法を教えるという形のほうが、子どもにはわかりやすいかもしれません。

便利なツールを取り入れてみる

発達障害の子どもはいろいろな困難さを抱えています。その中には本人の努力ではどうにもならないものもたくさんあります。

細かい作業に困難さがある場合、たとえばこんな文房具があります。

【立体になっている三角定規】

ものさしや三角定規をうまく扱えなくて線が引けない…そんな時、平面ではなく立体になっているので穴に指を入れ固定すると線が引きやすいです。

【角がいっぱいある消しゴム】

部分的に消したいところがあっても必要のないところまで消してしまうことや、無理に消そうとしてノートやプリントをやぶってしまうことがあるのは、不器用さからくることも多いです。

角が多くあるので細かな部分も失敗せずに消しやすいです。


【絵カード】

口頭での指示だけでなく、視覚支援の必要な子どももいます。たとえば、してほしいことと、してほしくないことを短い言葉やシンプルな絵などで書いて渡します。
○が書いてあるカード…（教室を出たくなったら）先生に合図を送る
×が書いてあるカード…黙って飛び出す　など

【予定表ボードやタイマー】

場面切り替えがしにくい子には、予定表やあらかじめ見通しをもてるような工夫など、自分をコントロールできるような学びが必要です。たとえば、タイムタイマーなど時間を見える化することで、赤いところがなくなったらこの活動は終了するとわかります。


【表情カード】

日頃からその時の気分や気持ちを聞いておきます。たとえば、2～3枚のカードから「どれに近い？」と選ばせると子どもは答えやすいです。その子の状態を知って支援につなげるだけではなく、子ども自身も自分の状態を意識できます。

道具さえ使えばよいということではなく、子どもの発達や障害特性、困り感にあったものであることが大切です。そうでないと視力にあっていない眼鏡をかけさせていることになり、生きづらさが増えることになってしまいます。効果的に活用するためには、道具を使うことでわかりやすくなった、できるようになった、不安が少なくなった、見通しがもててイライラが減ったなど、子ども自身がよかったと実感できるように、使う前に成功体験になる道具として練習してみることも大事です。

必要なものを上手に生活の中に取り入れることで、充実した学習や活動が増えてきます。支援は他の子どもと同じようなことができるようにするために必要な手立てなのではなくて、その子どもが生きやすくなるための助けなのではないでしょうか。

発達のアンバランスさだけが注目されてしまい正しく理解されにくく、そのため適切な対応につながらないので、自己否定や自信喪失からトラブルが増えたり、できる可能性のある経験が狭められたりしてさらに二次的な障害も背負ってしまう子どもも多くいます。誰のための、何のための支援なのか見直すことで、支援の仕方や方法など子ども自身が導いてくれるのではないでしょうか。

（杉本温子）

ことば環境と子どもの発達支援

MASTER's THESIS（2013）

ここでは、ことばの発達を順序性があり発展していくものとしてとらえ、発声、そしてオノマトペ、さらにはコミュニケーションについて、これまでの特別支援学級での取り組みを振り返り、ことばに焦点をあてて、ことばの発達の段階を追った取り組みが、子どもたちの意欲を引き出し、豊かなことばの世界を育むと考え、ことば環境を充実させる実践としてまとめられる。

「発声を促す環境」としては、指導者側が発声を意識した取り組みを子どもに提供するとともに、子ども自身に対しても意識して発声できる場面を増やし、声を出すことの楽しさや「もっと何かを言いたい」という子どもたちの意欲につながった実践を促したい。

声を出すことの楽しさや意欲をもった子どもたちが、次の段階として負担なく受け入れやすいことばであろうと思われるオノマトペを活用した実践を「子どもの活動とオノマトペ」としてまとめ、その重要性を指摘しておきたい。絵本を通して言ってみたくなることば・言えることばを増やし、それがさらに「このことばを言ってみたい、もっと言いたい」という意欲につながるものとなる。工作や運動などにもオノマトペを取り入れることで子どもの手先の動きがスムーズになったり、ダイナミックに運動できるようになったりする（『オノマトペで楽しむ作品作り』参照）。

「ことば遊びとコミュニケーション」として、獲得したことばを人とつながる道具として子どもが自主的に生活の中に取り入れていく取り組みの重要性を指摘したい。多くのことばをたくみに使いコミュニケーションがとれたというわけではないが、ことばを使って人とつながりたい、自分の世界を広げていきたいという子どもの願いは確実に存在しており、実際に子どもの変化が見られたことも事実である。

発声・オノマトペ・ことば遊びとコミュニケーションについての実践は多様であり、広がりと深まりをもつものであるが、これらは別々のものではなく、つながっているもの、積み重ねていくものとの認識で取り組まれなければならない。

「あ」や「た」という一文字であってもていねいにそして楽しく自分の声を意識して発声することで、「あれれれれ…」「たんたんたんたん…」とことばをつなげるおもしろさに変化していったり、音やリズムの楽しさだけでなく意味のあるもの、動きのあるものとも結びついて「アップップー」「ジャンケンポン」などの遊びに展開したりできる子どももいるのではないだろうか。そんなことばのもつ楽しさが実感できると、しりとりができるようになったりダジャレが言えるようになったりする力につなげることも期待できる。

子どもの発達段階やその集団の特性などによって、ことば環境の質や形は変わってくるかもしれないが、少なくとも「ことばを教え込む・押しつける・シャワーのように浴びせかける」といったことでは、子どもたちに寄り添った教育からはかけ離れていってしまうのではないだろうか。ことば環境は一瞬にして作れるものでも提供できるものでもなく、子どもたちの状態を知り、子どもと向き合い、指導の仕方や教材の工夫をすることが必要である。そして、子ども側からみたことば環境も大人や教師側からみたことば環境も豊かなものにしていくことが、子どもたちの学びの場を生き生きとしたものにつなげることができるのだと確信している。

ことば環境を育む前提として必要なものはいろいろあると思うが、実践を通して次のようなことをあらためて感じた。

①特別支援学級での小集団の学習や活動を充実させることで個々を伸ばす

特別支援学級の学習スタイルは、子どもの発達の様子や障害種別、人数、学年、地域や学校の体制などで異なると思うが、筆者は、特別支援学級の小集団を合同学習という形で充実させることにこだわった。

いろいろなことができているように見える子どもであっても、通常学級の大きな集団の中では自分の実力が発揮できなかったり、新しいことや知らないことを受け入れられなかったりする場面が多い。障害の特性だから仕方ない、あるいは経験不足からくる自信のなさだからと大きな集団になんとか慣れさせようとし、大きな集団の中では無理だと判断した時に特別支援学級を活用するという形をよく見てきた。しかし、筆者は小さな集団で様々な体験を通して学びの場をもつことで、子どもたちは自信をもち自分の世界を広げられるのではないかと考えている。

障害の特性も発達の段階も違う子どもたちを一堂に集めて授業をするのは難しいのではないか、人数が少ないので集団として成り立つのか、その中で個々を伸ばすことができるのかなどという不安もあったが、子どもたちと関わる中で小集団の優位な点が確信になった。次のようなものである。

・小集団なので、子ども同士が顔や名前を覚えることができ、他の子どもの存在を意識できる
・複数の担任で進めるので、子どもに目が行き届き、それぞれの子どもの課題を見落とすことが少なくなり次の課題を設定しやすい
・柔軟な対応ができるため、できないことやわからないことをそのままにせず、成功体験に移行できる。またそれを小集団の中で示すことでモデルにできる
・子どもたちに合った授業の進め方や教材を提供できる　など

小集団での学習や活動を充実させることで、子どもたちは変化していき、それぞれの発達が見られた。小集団での取り組みは重要であると考える。

②音楽やことば遊びなど文化的なものをからめた取り組み

特別支援学級の学習で、通常の学級の進度に合わせようとするためか、漢字練習や計算問題などのプリント学習が主流になっていることがある。もちろんその子どもにとって必要なものであればかまわないのだが、毎時間教師にせかされてプリントをする子どもたちを多く見てきた。プリントを媒体としてものの考え方や教師とのやりとりの学びになるのであればよいが、プリントを完成させることだけを目標にするのならば、今、このやり方で、この教師と、この時間を過ごす意味は何だろうと疑問に思うこともあった。

音楽や工作が好きであったり、絵本やことば遊びに関心があったりしたということもあるのだが、音楽や絵本などは「遊びながら学べる」要素があるため、子どもがリラックスした自然な状態で取り入れやすいものではないかと考えている。たとえば音楽やことば遊びを楽しむ中で、自分のことや伝えたいことを表現するきっかけにもなった子どもも多かったし、自発的な行動や要求が出てきた子どももいた。

教師自身も音楽やことば遊びなどを通して子どもを取り巻くことば環境を整えることができたのかもしれない。

また、音楽や発達に応じた工作、ことば遊びなどは、特別支援学級の子どもたちも通常の学級の子どもたちも楽しさを共有することができるものであろう。工夫次第で、互いの理解につながるような取り組みに発展させることができるのではないだろうか。

③しゃべらせることを優先するのではなく、子どもの思いを膨らませる

子どもたちを目の前にすると、つい何か形のあるものや目に見えるものをさせようとしたり、子どもが理解する・しないは関係なく、何かをしゃべらせようとしたりしたくなるものである。しかし子どもたちの思いや願いをもっと育て「こんなことをしてみたい」「こんなふうにしゃべりたい」、さらには「自分はここにいる」といったことを意識させることが大事なのではないかと考え、子ども達には直接的・強制的な働きかけはできるだけしないようにした。たとえば、教え込むというのではなく、意識的に子どもたちを迷わせたり悩ませたりすることで自分の気持ちに気づかせることをする、至れり尽くせりのわかりやすすぎる授業やことばかけばかりではなく、「それはどういうこと?」「もっと聞きたい」と思わせるような演出をしたり、子どもが無意識にしていることに対し、揺さぶりをかけて自分の行動の意味を知らせる機会をつくったりすることを行ってきた。

そのような中で子どもたちは、教師の話に耳を傾けるようになり、授業や様々な活動に関心を示すようになり、自分の要求をもつようになり、それを表現しようとすることに楽しさやうれし

さを感じられるようになったのではないだろうか。

強制的に言わせようと覚えさせたことばではなく、自分のことばで相手に伝えようとしたり、ことばが出なくても体中で表現しようとしていたりする姿を見ると、子どもたちの成長を実感する。しかし、その姿を当たり前のように思ってしまうのではなく、これまで取り組んできたことば環境にいつでも立ち戻り、さらにていねいに子どもたちと向き合っていくことが大切なのではないだろうか。

④支え合える教師集団

これまで多くの教師と出会い、活動をともにしてきた。しかし、わかり合えた相手ばかりではない。その教師の持ち味は受け入れられても、子どものとらえ方、支援の仕方、教育そのものの考え方の違いから衝突することもなかったわけではない。

しかし、振り返ればいつも誰かが筆者に共感し応援してくれて、支えてくれていたように思う。支えられているという思いは、嫌な相手を攻撃するエネルギーになるのではなく、他の教師とともに子どもたちをもっと輝かせたいというエネルギーになった。

特別支援学級の担任や子どもに関わる教師で授業の打ち合わせなどを毎日何時間も行ってきたが、特別支援教育としての対応などの技術的な面だけではなく、子どものとらえ方、教育に対する姿勢、大きくいえば自分の生き方につながることまで語り合えたことで、特別支援学級の担任集団として互いに支え合える関係が築かれたのだと考えられる。このような支え合える関係があるからこそ、子どもたちの教育に反映される部分も大きかったのだろう。

⑤教師自身も活動を楽しむ

特別支援学級の担任たちで授業のあり方など話し合いを進めるにあたっては、はじめは今までの習慣になっているようなやり方にこだわる教師もいた。しかし、合同学習が充実し、子どもの目の輝きや顔つきまで変わってくると、教師自身が子どもと関わるのが楽しい、授業をするのが楽しいと思えるようになり、子どもに対して今までと違った見方や教材についてのアイデアが次々と出てきた。それは教師自身が自信を取り戻した瞬間であると感じている。

授業については毎回細部にわたって打ち合わせてきたが、時にはそれを最小限にとどめ、子どもたちだけでなく他の教師もアッと驚くような授業展開や教材を筆者が準備することもあった。前もって打ち合わせたものではない教師の素直な驚きのリアクションに、子どもたちは喜び盛り上がっていた。教師たちも子どもたちと同じように楽しんでいたが、筆者自身も楽しかった。時にはそのような遊び心をもちながら取り組む中でも、ことば環境は豊かに膨らんでいっていたのかもしれない。

ことば環境という限定されたものではなくても、子どもたちのことばを中心とした世界をどのように広げるか、あるいは充実させるかということに着目することは大事なことである。つい目の前の事象の処理にばかり対応しがちではあるが、本来の教育現場での醍醐味は、子どもたちの成長を子どもらとともに楽しみ喜び合うところにあるのではないだろうか。ことばを教え込んだからといって豊かになるとは限らない。今必要なこと、そして今後必要になってくるであろうことも見通しながら、子どもらの日々の生活のひとこまひとこまにていねいに関わっていくことが大切なのではないだろうか。

（杉本温子）

「なのはな学級」での杉本先生

2 特別支援学級でのスペシャルな時間と内容を

杉本温子先生の人と仕事

わたしと杉本温子先生との出会いは、2003年4月、先生が、教育委員会の派遣で奈良教育大学情緒障害特別専攻科（特別専攻科）に1年間の研修に来られた時でした。年度初めの杉本先生の記憶は残念ながら残っていません。それでも、講義の際には寡黙ですが、じっくり聞いておられる様子が印象的で、年度が進むにつれて徐々に「それで…？」という疑問符の表情をする姿が気になっていきました。

現場に戻られて4年後、学校や学級の存在、保護者とつながり、多職種との連携などをより広い視野から客観的に見直し、自分自身の教育観と実践を位置づけ直したいと考えられて、奈良教育大学大学院教育学研究科に入学されました。杉本先生の大学院への進学の意図は、本人曰く「研究」ではなく「おもしろいことをする」というもの。

「おもしろいことをやってみたい」と常々思っているわたしは、あんなことも、こんなこともと思いつきで行動することが多々ありました。そんなわたしにとって、日常的には冷静沈着、そして子どもの支援や教材研究にはプロとしての自覚をもっていた杉本先生は頼りがいがありました。杉本先生が大学院生の間には、ずいぶん無茶ぶりをして、困らせることとなったのではないかと思います。

手始めは、「大学院に入ったら、まずは講義をすること」を課しました。さっそく、教職大学院の講義でゲストと称して杉本先生に語ってもらいました。杉本先生は、自身のことはあまりしゃべらない人でしたが、この時は「特別支援教育と私」と題してパワーポイントを作って、これまでのことを語ってくれました。その語りや杉本先生自身が書いたプロフィール、わたしの見た杉本先生の姿を思い起こしながら、杉本先生の人と仕事を紹介していきたいと思います。

障害のある子どもとの出会いと思い

杉本先生は、1954年4月26日、奈良県生まれ。

小学校時代に障害児教育に関わるきっかけがあったといいます。

小学校1、2年の時に遡ります。そこで、脳性まひのようちゃんという男の子と同じクラスになりました。「あっちゃん、うまく関わってくれるから」と当時の担任の先生が、ようちゃんの隣はあっちゃんといつも決めて、いくら席替えをしても一緒。席替えをしても席替えをしても、ようちゃんは隣にくるという関係でした。そのようちゃんの母親からの手紙をもらったことがありました。

ようちゃんは消しゴムをバンバンと放ってしまうので、何回拾ってもなくしてしまいます。その手紙には、「あっちゃん、先生と相談して何かいい方法を考えてくれない?」という願いが記されていたそうです。受け取った小学生のあっちゃんは、「自分の力で何とかしなきゃ」との思いで消しゴムに糸をつけるなどいろいろ工夫をしてみました。しかし、ようちゃんの消しゴムはなくなるばかり。結局、お母さんに「あっちゃん、先生に相談してくれなかったのね」と言われる始末。

杉本先生には、その時のことがすごく記憶に残っていて、「なんであの時先生に相談しなかったんやろう。なんで自分の力でやろうとしたんかな。ようちゃんのためにもなっていなかったなぁ」という後悔が、ずっと残ったといいます。

進路への思い　障害のある人たちの福祉と教育

高等学校時代に、ぼんやりと福祉関係の仕事がしたいと考えるようになったようです。周囲の人からは、「障害のある人に手を差しのべる優しい人」という言葉をかけられて、「手を差しのべるってなんやねん！」と反発を感じてしまいます。「そんな人間関係はおかしいなぁ」と。

そんな思いをもって、大学生になり、ＹＭＣＡでの肢体不自由児支援グループに参加するようになりました。18歳までの肢体不自由の子どもたちを集めて、月に1回のイベントや野外活動や宿泊キャンプなどを実施する活動でした。

毎回、その宿泊キャンプに参加していたのがこずえちゃん。おしゃべりはできず、コミュニケーションが難しい重度の背の高い女の子。こずえちゃんの母親から「これでキャンプ最後かもしれへん、もしかしたらキャンプで泊まらせて呼吸が止まってしまうかもしれへんけど行かせてる」と聞かされました。その時、「あぁ、命預けてるんやなぁ」。それだけ経験をさせたいという心からの親御さんの気持ちに触れたような気がしたといいます。

大学卒業後の進路は教員の道へ。教員採用試験では「養護学校希望と書いたら絶対採用されません。書かないように！」と注意されたものの、かまわず「養護学校希望」と書いて、撃沈。

1970年代の前半、奈良県には、肢体不自由を対象とした奈良県立明日香養護学校と知的障害を対象とした奈良県立西の京養護学校の2校しか養護学校がない時代。保守的な風土の中で、養護学校を希望する人はよほどの変わり者か社会運動に関わる者とみられていました。なりたいものを書くことができないことの理不尽さへの反発の思いから、意志を頑固に貫く反骨の人でもありました。

「働かせてください」と大学卒業と同時に明日香養護学校に直談判。3年間、介助職員として肢体不自由教育に携わりました。

杉本先生の障害児教育の出発には、主に肢体不自由の子どもたちとの関わりが原点となっていたようです。この頃、技術者の御主人との出会いも。障害児教育の世界はより広い、明日香養護学校だけでの経験、それも介助職員としての経験だけでは「狭い世界や！ あかん」と自覚したようです。教員採用試験でも不採用を回避するため、小学校の教員採用試験に挑み、特に障害児学級（特別支援学級）の担任になり、より学びと経験を深めるという戦略をとりました。

小学校の現場にて

運よく教員採用試験にも合格して、はれて小学校教師へ。赴任先の小学校では障害児学級担任を希望するも、またしても、「だめです。あなたは音楽を教えなさい」と言われてしまいました。音楽専科として何年もやって、転勤してもまた音楽専科、通常学級担任という日々が続きました。ようやく、障害児学級担任になれたのは、40代に入った頃でしょうか。

やっとなれた障害児学級の担任、しかし、障害児学級担任をしていくと、担任間で教育観の違いがくっきりと…。障害児学級の担任はいろいろな人がいました。定年間際の先生もいました。障害児教育の経験をもっていた人は多くはありませんでした。ある年、年下だけれども、とても「しっかり」している先生とともに学級の担任になったことがありました。

その先生、杉本先生の担当だった自閉症の子どもの肩をもって、

「わー　おはよう」と、力を込めてあいさつを…。

子どもはもちろん「おはよう」とは言わず、「はぁぁー」と、何とかならないかとでもいうような小さな声を出しています。

そして、その先生、担当の杉本先生の方を向いて、「なんで、おはよう言わさへんねん」と一言。でも、「それは違うやろうな」と杉本先生は思っていました。

その先生とは、目と目があって、バチッと視線がぶつかり合います。日々の違和感の蓄積が続いたようです。杉本先生は、子どもに寄り添うことと向き合うこととはどんなことかを

考えて、無口になっていきました。

学級運営に関して、学校や同僚との間での意見の相違、実践的にモヤモヤしたものがありました。たとえば、小学校では、「1年生は入学して、はじめに慣れるまでみんなと一緒にクラスで過ごしましょう」というようなことが多くありました。「学習も活動もはじめは簡単だし…」。

でも杉本先生は「それは違う」と考えます。子どもたちは初めて入った通常学級の大きな集団で、どうしたらいいのか不安になります。それから、「しんどくなったら、じゃあ個別でしましょう」となる。それでは通常学級ではダメだから特別支援学級に行きましょうということになってしまう。失敗経験になってしまう。

「それはおかしいなぁ、自信を失わせるだけと違うんかなぁ」と。

やっぱり小さな集団の中で自信をもてるようになって、次に大きな集団の中に飛び込んでいく形のほうがいいのではないか。頑張りを褒めることも大事だけれど、成功できるような仕組みとか、環境を提供しないとダメなんじゃないかなと。褒めることがなかったらダメではなく、「それでいいよ、それでいいよ」ということを経験させたい。それから自己選択、自己決定をしてもらいたい。特別支援学級の子どもが、自分の思いや考えがなかなか出てこない時に、先生たちが「こうしなさい」「こっちよ」「あっちよ」っていうことが多いけれど、そうではなく、「どーする？」「こーする？」「どれがいい」という場を いっぱい設定してあげたい。しかし、それが学校や学級での共通の認識になかなかなりません。そのモヤモヤ、違和感を言葉にしたい、さらに専門性を高めたいと痛切に感じていたようです。個人的には、「(その先生に対して）それは違う！と、ぎゃふんと言わせたい」と告白しています。その思いから、教育委員会に申請して、50歳を前に、2003年4月からの1年間、奈良教育大学の特別専攻科で研修をすることになったのでした。特殊教育から特別支援教育へ転換するという流れの中で、これまでの実践を振り返りつつ、展望を見出したいと思っていました。

実践の振り返り　そこにはスペシャルな時間と内容が

2003年度は、発達障害を中心に「特別支援教育」への動きが始まっていた頃です。奈良教育大学への入学式の壇上には、障害児教育を専門にしていた大久保哲夫学長（残念ながら、2021年にお亡くなりになりました）がいました。特別専攻科では、他の府県からの派遣の先生方や、若い学生さんたちと一緒に学び、交流を深めた1年でした。杉本先生は、特別専攻科生の中では、一目おかれる存在でした。

杉本先生は、もともとあまり口数が多い方ではありません。教師として、自分の頭で考えることを重視し、あれかこれか結論めいたものを求めない方でした。そういう意味でどちらかというと無口でした。その無口さの中に、障害のある子どもたちへの思いと教材や実践へのこだわりが強くありました。ただ、彼女の沈黙はまわりに緊張感をもたらすこともありました。大切にしてきたことに、「なぜ？ 何のために？」と、いつも問い続け、子ども理解を深めながら、実践を探求するということがありました。

これまでの障害児学級や障害児教育の実践の発表や教材の紹介をしていただいたりしました。無口で、冷静沈着の表情の一方で、子どもたちの「楽しい姿」や「夢中になっている姿」、そして「笑顔」を大切なものとして実践を行ってきたことがうかがわれました。様々な取り組みに、鋭い感性をもって臨み、教育実践における美意識とでもいいうるものがありました。

特別支援教育は、子どもにとってスペシャルで魅力的なものでなければならないというのも信念でした。その意味で、授業のネーミングや授業の質を大切にしましたし、こだわっていました。

「チャレンジタイム」（感覚統合的な運動）、「チャレンジヨガ」、「チャレンジ運動場」、「どれみふぁタイム」（音楽療法）、「アンサンブルタイム」（木琴中心）、「どきどきリコーダー」、「どきどきアート」（工作など）、「どきどきサイエンス」（理科実験など）、「どきどきタイム」

（なんでもあり）「にこにこタイム」（ことば）、「ぱくぱくタイム」（調理実習）などなど。

たとえば、「どきどきサイエンス」の時間には、実験用の白衣をまとって登場して、子どもたちの期待を高めるのでした。子どもがわくわく・どきどきして取り組める授業、子どもたちが主体的にチャレンジしていく授業をつくること、子どもたちが心待ちにするような授業、学級や学校になってほしいと願っていました。

子どもの笑顔や子ども自身の素朴な疑問を実践の上で大切にしてきたことも重要です。これまでの実践の取り組みを、子どもの真剣に挑む姿と笑顔の写真をいっぱいそえて、ほほえましいエピソードや失敗談をスライドにして若い学生にも伝える努力をしてくれました。

＊

眼科検診の時、「いやだぁ～！」とかたくなに拒むDくん。

「大丈夫」「痛くないよ」と言ってもムダ…。ちょっと言葉かけを変えてみた。

「なんで嫌なの？」

「目が落ちるかもしれんやろ」

「…今までに目が落ちた人は一人もいません」

何十回の「大丈夫、痛くないよ」の言葉より、必要だったのは「1回の説明」。

＊

「チャレンジ体育館」の時間、体育館に入れなかったNくん。少し入れても、ぐるぐる走り回ります。やっぱり聞いてみました。

「なんで入れないの？　なんで走り回るの？」

「天井の電気やバスケットゴールが落ちてくるかもしれへん。走っていたら落ちてきても当たらないと思って…」

入り口近くにいたり、天井に何もぶら下がっていないところを選んだりし、友だちが入っていても何も落ちてこないことを確認。そのうち入れるように。

＊

特別専攻科の1年を通して、杉本先生は、特別支援教育を進める上で、子ども理解と教員を中心とした学校体制について検討を深め、子ども一人ひとりの支援ブックづくりと、特別支援教育コーディネーターの役割を中心に考えていました。

当時「障害児教育の専門性」がいわれ、発達障害の医療的な知識や特別支援の行政的な用語や情報などの知識が重視されていました。杉本先生は、それも大切かもしれないけど…それだけで障害児教育は豊かなものになるのだろうか？という疑問をもっておられました。「教師としての専門性」「教育の基本」を今一度思い浮かべ、実践につなげることが大切なのではないか、「子どもたち一人ひとりに応じた支援をどのように考えるか？」「子どもを学校の主人公にしていくためには？」ということに立ち返ることが必要ではないか、教育本来の土台づくりをしっかりすることで、特別支援も広がりをもたせていくことができるのではと考えていました。

そんな思いやつぶやきは、特別専攻科で講義を受けたり、交流したり、また活動したりする中で、少しずつ言葉や形になっていきました。特別専攻科の仲間たちと子ども談義をしながら、教材の工夫を紹介し合うこともしばしばでした。食べ物教材の研究と称して一緒にバームクーヘンを焼きながら、現場の話を語り合っていた1年は、杉本先生にとってとても貴重な時間だったと思います。

特別支援教育の全面実施と学級・学校づくり

現職校に戻ると、すでに50歳代のベテランです。2006年には学校教育法の一部改正があり、2007年4月から特別支援教育が全面実施されていきます。特別支援教育は、通常の学級でのニーズのある子どもまで対象が拡大されました。そして、特別支援教育コーディネーターと校内委員会の設置など、特別支援教育に対応する校内体制の整備が必要になりました。研修から帰ってからの杉本先生は、校内体制の充実、通常学級担任の理解、魅力ある特別支援学級の実践、保護者と話し合いながら子ども一人ひとりへの支援ブックの作成など、努力を惜しみませんでした。

通常の学級にいるニーズのある子どもたち、特別支援学級の子どもたちには、子どもの話を正面から聴く、困っている子どもの行動を子どもの目線で見直してみて、その子どもを理解しなおし、整理したことがらで、支援ブックを作りました。学校から保護者にコーディネーターは知らされていなかったけれども、「保護者と教師は手をつなぐ関係としてありたい」「保護者との間に勝負は必要ない」「保護者の姿、どんな時も本当の姿だと思う」。「おかあさん、上手に子育てされていますね」とねぎらいを忘れないようにと努力をしていました。

しかし、学校現場は一筋縄ではいきません。「なかなか変わろうとしない学校現場」と杉本先生には見えたようです。正式に指名されたわけでもないのに、コーディネーターになっていたりする始末。校内でも、コーディネーターの役割を話し合っていない状態で、他の教師は「コーディネーターって何?」と首をかしげます。「なんで、うちのクラスの子のことに口出すん?」とか思われながらも、コーディネーターとしての仕事を進めていったようです。そんな状況で、杉本先生の中には、「子どもの何を見てんねん！　子どものどこを見てんねん！　何を大事にし、どんな見通しをもって、子どもと関わろうとしてんねん！」というひっかかりが常にあったようでした。

子どもが変わっていくことで、保護者も子育ての不安から前向きな姿勢へと変わっていきます。また、教師も子どもの変化に共鳴してくれるようになっていきます。だからこそ、特別支援学級の担任としては、教材と授業を大切にしました。学級や学校に安心感をもってほしいとの願いからです。

杉本先生は、「課題の選び方は？」「なぜ、その内容なのか？」「なぜ、その時期なのか？」「必要性があるのかないのか？」「本人の興味・関心は？」「実生活での活用頻度は？」「どのような順序で？」と矢継ぎ早に頭が回って、つまるところ、「私は何を教えたいの？」ということに行き着くと言っておられました。わかる喜び、できる楽しさ、それにつながるプロセスのワクワク感などをいっぱい体感してほしい…常にそう思いながら教材を提供してきたし、若い人たちにもそれを伝えたいという思いで教育活動をつくってきました。

学校の外にも仲間をつくり、特別支援学校、特別支援学級、通常学級、福祉や医療の専門家たちとの間にも、子どもたちの「笑顔」や「喜ぶ姿」を真ん中において、それを想像して、連携と交流を行っていきました。

2008年度の最後の1年間の実践の中では、障害児教育のベテランとして、「教師はプロやろ！　しっかりせい」「子どものことをもっとわかって！」「自分の尺度だけで子どもをとらえていないか？」などと、教師の間に緊張感をもたせる投げかけをし、学校と教師に活を入れるのでした。

「研究はしない、おもしろいことを探す」

杉本先生は、奈良教育大学大学院教育学研究科（修士課程）に、2009年4月から2013年3月まで在籍しました。「研究はしない、おもしろいことを探す」と宣言しての入学でした。とはいえ、この大学院時代には、これまでの実践や思いを形にする多くの仕事をしました。

杉本先生、マオくんたちを学校に残して退職して、大学院にきたのです。いちおう、「特別支援教育」の大学院です。さすがに、「なのはな学級」をはじめとする保護者のみなさんは、杉本先生へのラブコールを強めます。山口さんたち保護者は、「こみゅ」という名前のグループをつくって、杉本先生にアドバイザーになってもらいました。杉本先生も、教師という立場ではなくなっていましたので、これには「嫌だ」とは言えません。その他、これまで関係していたＡＳＤの子どもやダウン症の子どもの支援や保護者のアドバイザーも継続して行っていくことになりました。

それからが、大変です。大学関係では、「おもしろいことを探す」のが杉本先生の課題だというのですから、研究室に舞い込んでくるいろいろな悩みや困りごと、いろんな雑事や課題は杉本先生にとって「おもしろい」ものかもしれない。そんな理屈をつけて、わたしは、杉本先生に課題を放り投げ、杉本先生は、わたしの思いつきと無茶ぶりにかき回されるという、ドキドキの生活になっていきます。

まず、「大学院に入ったら、講義をする」ということで、教職大学院の「特別支援教育論」の講義でのゲストスピーカーとして登壇。冒頭で述べたように、「特別支援教育と私」と題して、自分の経歴から、実践の様子などをていねいに語ってくれました。また、学部の保育士資格をとるための障害児保育論の講義でも話すことに。さらに、もっと話せる人を連れてきてほしいとお願いされ、この講義には、山口歩さんも話をすることになりました。

ところで、当時の教職大学院には、教育委員会からの派遣で来られていた奈良県立平城高等学校の教育コース担当の先生がいて、「特別支援教育論」の講義を聴講していました。こともあろうか、研修を終えて高校に戻ると、ぜひ、平城高校でも特別支援教育の話を生徒たちにしてほしいと依頼に来られ、断りきれないわたしは、この件も、杉本先生に投げて、一緒にやることに。そこに山口さんも加わり、3人で3回の授業が決定。杉本先生の発想で『ちいさなロッテ』（ディック・ブルーナ、講談社、2000）という絵本を使って行うことになりました。「ロッテ」は、車いすの子どもで、みんながボール遊びをしているところに来て、みんなと遊ぶという単純なもの。みんなはロッテがうまくできるか心配したけれど、ロッテはボール遊びが上手で、なんなく勝ってしまうというストーリーです。でも、現実は車いすの子にとってボール遊びはなかなかうまくできないものです。授業は、その現実を踏まえて、『ちいさなロッテ』の後半をみんなで創ってみようというワークショップ形式にしたのでした。山口さんは、親の立場からうまくできなかったロッテを受けとめる続きを創作し、障害のある子どもの母親、父親の気持ちを伝えてくれました。

また、当時、わたしは奈良教育大学附属幼稚園の園長で、幼稚園の課題を背負うことになりました。教材の補充では、幼稚園で古くから使っていたダンボール積み木は再販の可能性がないけれど、使い勝手がいいのでぜひ復活させてほしいとか、未就園児親子の子育て支援をやれとか、大学のキャラクターの幼

平城高校教育コースでの特別支援教育のワークショップ

稚園版のシールを作れだとか、わんさかと要望がやってくるではないですか。奈良教育大学は、附属幼稚園や附属小学校もキャンパス内にあることもあり、地域の大学でもあると強く意識することになりました。地域の課題を担いながら、もっと地域に開かれたものになるべきではないかと妄想は広がります。

杉本先生には、幼稚園の未就園児の親御さんたちのアドバイザー（２０１０〜２０１３）となってもらい、絵本の広場やキャンパス内で活動を始めました。それが発展して、社会福祉法人こぶしの会の援助で、子育て支援スペース「すまいるちあ」がつくられ、そのチーフスタッフ（２０１１〜２０１３）として、子育ての支援の場づくりをしたり、教育相談（発達障害、不登校など）を行っていただくことになりました。

わたしの妄想は広がるばかりです。奈良市が募集していた「子育て支援事業」に応募し、「すまいるちあ」をその事業にのせ、補助金も入れて運営できるようにと、奈良市へのプレゼンを準備することにした時のことです。プレゼン資料がうまくできたので、あとは「成功を祈る」と杉本先生にお願いして、わたしはとっとと別の会議へ。杉本先生の目は点になり、「オノレ…」という小さな声が聞こえました。プレゼンが終わって、杉本先生を車でピックアップ。車の中で、杉本先生は、はじめは平静を装ってプレゼンの状況を説明するのですが、だんだん怒りが満ちてきて、最後には、無責任野郎とばかりの罵声が。そんな杉本先生がおもしろくって、けらけら笑いながら車を運転していると、突然、背後からパトカーのサイレンが。一旦停止を忘れて、切符を切られるという失態に。こんどは杉本先生がけらけら笑い始めるのでした。

大学院の講義と称して、京都国際マンガミュージアムにみんなで行ったこともありました。そこでは自転車につけられた紙芝居の実演がありました。それに魅せられたわたしは、大学で附属小学校の子どもたちが帰る時に、自転車で紙芝居を持って行って読み聞かせをするということをつい想像。杉本先生に、京都国際マンガミュージアムで行っている紙芝居講座に行き、紙芝居修行をしてもらうことにしました。彼女は、紙芝居を作るところからそれを演じるところまで、その道のプロになって戻ってきました。附属幼稚園の卒園式の園長からの贈り物として杉本先生の手づくりの紙芝居を読んだことは忘れられません。

その他、杉本先生を困らせたエピソードはつきません。しかし、そんな難題を、ぶつぶつ言いながらもなんとか、ものにしてしまうのが杉本先生でした。

杉本先生を最も困らせた思いつきが、次の章で詳しく述べる、「障害のある子どもの笑顔展」(2011、2012、2013〈「やなせたかしの世界展」と並行して〉)の開催ではなかったでしょうか。大学の教育資料館をギャラリーに、自閉症児の絵画・ダウン症児の写真などを展示する試みで、その実行委員会委員長として活躍してくれました。まさに、わたしたちにスペシャルな経験と学びを提供し、その後、今日まで続く「てとてをあわせて　で・あいのある世界展」として発展してゆく土台をつくってくれたものでした。

COLUMN

妻・あつことともに

杉本義己

　この度、私の妻、あつこが携わった事業や教材資料に関する本をまとめていただき、皆様にお届けできることを、大変ありがたく思います。あつこは生涯を通じて障害児教育に取り組み、困難な状況にある子どもたちやその家族を支えることに尽力してきました。あつこの子どもたちを理解しようとする思いと確固たる意志、そして行動が、子どもたちの成長に寄与したことを、私は深く誇りに思います。

　あつこはまた、工作が得意で、その創造力と技術は子どもたちの教育にも大いに役立ちました。あつこが作り出す手づくりの教材や遊具は、子どもたちに笑顔と学びをもたらしました。そして、あつこの工作には、手先が器用ではない子どもたちでも「おお」と感動するような工夫が施されていました。

さらに、あつこはピアノをはじめ、ケーナなど様々な楽器を演奏することが得意でした。彼女は障害児学級の授業にも音楽演奏を取り入れ、子どもたちに短いパートを割り当てて演奏するなど、様々な工夫をしていました。あつこは絶対音感をもっており、耳コピができたので譜面がなくてもヒット曲を演奏できました。彼女がこんなに早く逝ってしまうとは思わなかったので、あつこに演奏してもらい、私が歌う機会をあまりもてなかったのが本当に心残りです。

あつこは絵も字も上手で、紙芝居のヤッサンの門下生でもありました。オノマトペ的な紙芝居もたくさん作っていましたし、お花の教授の免状を持つなど、今思い返すといくつもの才能をもっていたことに驚かされます。

そして、私自身も50歳を過ぎてからですが、あつこの影響もあり福祉機器の研究開発販売に携わるようになりました。障害をもつ方々の生活をより豊かにするための製品を提供することが、今の私の仕事になっています。二人で協力して支援することも増えてきたのに、彼女がいないことが残念でなりません。

あつこの活動や工作にヒントを得て、皆様の日々の活動の助けになればと願っています。

第3章 であいの中で、笑顔を広げる

「障害のある子どもの笑顔展」から
「てとてをあわせて　で・あいのある世界展」へ

——玉村公二彦

2011年から始まった「障害のある子どもの笑顔展」(「笑顔展」)、そして「てとてをあわせて　で・あいのある世界展」(「で・あい展」)へと受け継がれ、発展していった経過はどのようなものだったのでしょうか?

とにかくいろいろな伏線と出会いがあったのではと思いますが、わたしの記憶はあやふや。とにかく大学院生になった杉本さん(ここでは、杉本先生を杉本さんと呼ばせてもらいます)、そして山口さんというたぐいまれな力量をもった人がいて、軌道に乗ってきました。わたしはというと、展示会の最中は、差し入れのお菓子をぱくつき、関係ないことをしゃべって時を過ごすという、無責任ぶり。これには、杉本さんや山口さんたちは、口には出さないけれど、いやいや、口に出していたけれど、「学生さんはいい人ばっかり、でも言い出しっぺの教員はひどいやつ」と厳しい評価でした。

とはいえ、これまで続いてきた、この「笑顔展」「で・あい展」は、主催者、出品者、ボランティア、参加者にとって、とても大きな意味をもっているような気がしています。「言い出しっぺ」となった立場から、この際、経過を振り返って、記録に残しておきたいと思います。

“Think Globally, Act Locally”と言ってみたけれど…

国連障害者権利条約特別委員会にて

わたしは、2003年から2006年まで、ニューヨークの国連本部で開催されていた障害者権利条約特別委員会の傍聴を続けていました。国連本部において委員会の開催中、日本障害フォーラムの一員として委員会での議論をフォローし、その日の議論を日報にまとめるという仕事をしていたのでした。認定NPO法人DPI日本会議など障害者団体の方々、外務省、文部科学省の役人さんなど、いろんな人と会いましたし、国連の場で、日本の特別支援教育がどのような方向をとるのか、障害者権利条約の教育条項とどのように絡むのかなど、いろんな情報や解釈にふれたことは、貴重な経験でした。

“Nothing About Us without Us”（私たちのことを、私たち抜きに決めないで！）を合言葉に、障害のある人たちや各団体は、権利条約をわがこととして、権利条約の内容の中身を主張し、委員会に主体的に参加していく姿が印象的でした。各種のサイドイベントが開かれ、国際的なNGOが子どもや青年の問題も取り上げて議論していました。障害のある青年たちの障害と社会に関するスピークアウト、障害のある子どもたちの写真のパネル展示などが行われ、子どもや青年の問題への前向きな姿が示されていました。

ニューヨークの国連本部で障害者権利条約特別委員会に参加している間は、国連とホテルを往復して、自分のペースで条約のことだけを考えていました。とはいえ、帰国すると、連れ合いには、「ニューヨークまで行って、自由の女神、メトロポリタン美術館、ブロードウェイのミュージカル、その何一つも見てないなんて、信じられない。バカじゃない!」と一刀両断。

連れ合いと娘と一緒にニューヨークに行った時には、朝早くから国連本部に行く仕事人間を尻目に、連れ合いたちはニューヨークのあちらこちらを堪能していました。それでもあわれと思ってか、委員会のない土日には、「美女と野獣」などのミュージカルやメトロポリタン美術館に連れていかれたものでした(感謝)。

2006年12月、国連総会で障害者権利条約は採択され、国際的なルールとなっていきます。印象に残る、国連での障害のある人たちのロビー活動、障害のある子どもの写真のパネル展示などの多彩な活動は、国際的にも、障害のある人たちの姿を社会の中に根づかせるとともに、社会へのアピールを行っていくことの重要性を感じさせられることとなりました。国連障害者権利条約特別委員会の傍聴の経験から、2007年以降、国内でも障害者権利条約の学習会が開催され、わたしも引っ張りだされることになりました。国連本部で開催されていた障害のある子どもを撮影した写真のパネル展を紹介してみたり、ユニセフがつくった「障害者権利条約子ども版」のパンフレットの翻訳を紹介してみたり、地球の破壊への抵抗を象徴する国連本部のオブジェや『発射不能の銃』の彫刻などをスライドに入れ込んで学習会に臨みました。

障害児保育の不純な動機——酒井さんとの出会い

国連障害者権利条約特別委員会に参加している時は権利条約のことだけを考えていればよかったのですが、戻った職場、奈良教育大学では、ことは大違いです。障害者権利条約が採択された次の年、2007年には特別支援教育が全面実施され、大学では、特別支援教育に対応する教員養成カリキュラムの実施、特別支援教育研究センターの立ち上げ、教職大学院での特別支援教育論の開講など目が回る状態。おまけに幼児教育分野では保育士免許が取れるようにカリキュラムを改定し、その中に障害児保育も入っているのでした。2009年には、悪名高い教員免許更新講習がはじまり、講習を受けに来る教師のみなさんからは、白い目で見られるという…。まさに課題山積。こりゃなんとかしなければというのが、本音のところでした。

障害児保育の講義は、行きがかり上、わたしがもつことになってしまいました。2009

年のことだったと思います。奈良の就学前の取り組みに足を運ぶ中で、就学前のダウン症児の集いをもっておられる「バンビーナ21」を知りました。奈良市総合福祉センターの一室で、当時、バンビーナ21のまとめ役をしていたダウン症の子どもさんをもつ酒井恵子さんとお会いするがことができました。バンビーナ21に参加する子どもと保護者は、子どもさんがまだ幼く、保護者も子育てに不安をもっていて、医療や福祉・療育、今後の学校などについて悩みを出し合い、情報を交流し合っているとのことでした。酒井さんは言葉を選びながら、静かにバンビーナ21の活動や課題を語ってくれました。

「学生にも酒井さんのお話をぜひ聞いてもらいたいのですが…」（障害児保育の講義をどうにかしなければという下心を隠しながら）

「どのような学生さんでしょう？　学生たちが子どもたちを受けとめてくれるかどうか？学生たちの学びの姿勢はどうでしょう？」

酒井さんは、大阪の私立大学の教職教育（教育心理学）の先生をしておられて、介護等体験での学生指導なども担当して、苦労していたことも話してくれました。酒井さんからは、「バンビーナの会がある時に子どもたちの保育を担当してくれる学生さんがいればありがたいのですけれど…」と控えめにお話がありました。

これはいい機会、講義の一環として学生さんたちに療育活動に参加してもらおうかとも考えました。が、その前に、一度、酒井さんに障害児保育の講義に来ていただき、保護者の立場から話をしてもらうことにしました。

杉本さんと山口さん

この年、「研究はしたくないけど、楽しいことはしたい」とわがままを言って大学院に入学していたのが、杉本さんでした。杉本さんに、バンビーナ21の療育活動の相談にのってもらうと、持ち前の音楽の才能を生かして音楽療法的な取り組みをしてくれるようになりました。障害児保育の講義についても、酒井さんとともに、就学までのお話をしてくれる方を紹介してもらいました。それが、マオくん・ユウくんのお母さんの山口歩さんです。

障害児保育の講義で、それぞれ30分ずつ、障害を受けとめて、育てることについて話をしていただきました。熟慮するタイプの酒井さんと楽天的なタイプの山口さん、お二人の話には、子どもさんへの思いの深さと同時に、それぞれの人柄が出て、学生さんたちに、障害のある子どもたちの誕生をめぐるドラマと子育てへの共感をもたらすものでした。

学生さんたちの真剣な顔つきで聞き入っている姿を見ていると、障害児保育や特別支援教育の講義も当事者の人からその思いを聞き取ることがとっても大切なことを痛感しました。

わたし自身は講義や講演をすることが好きではありません。同じ奈良教育大学の越野和之先生のように「子どもに文化を、教師にあこがれと自由を」と、理路整然と講義をすることは、とうてい無理！　わたしにできることがあるとしたら、障害のある人やその保護者、関係者の応援団になること、その人たちに大学をひらいて、学生たちにつなげることくらいです。

奈良教育大学では、障害児教育の課程で学ぶ学生さんたちが「杉の子」や「なかよし」などのサークルをつくって、障害のある人たちや子どもたちの活動を組織してきた歴史がありました。それをもうひと回り広げて、講義や演習にも障害のある人たちや関係者の方々に来ていただいて学び合っていく仕組みはできないかと考えました。

一枚の写真から写真展へ

「たったひとつのたからもの」から「笑顔展」へ

おぼえておられるでしょうか？　2001年の明治生命（現在の明治安田生命）のCM。小田和正の「ラ～ラ～ラ　ラララ　言葉にできない」という透き通った歌声にのせて、フォトコンテストで選ばれた写真が映し出されるものでした。2001年に話題になったのが、「たったひとつのたからもの」―ダウン症の子どもを抱きしめる父親の一枚の写真でした。そこから波紋が広がって、写真に写った秋雪くんの物語がドラマにもなりました（夫婦役は、松田聖子と船越英一郎）。

世界ダウン症連合が２００４年に制定した「世界ダウン症の日（３月21日）」は、２００６年から実施されました（国連も、２０１２年から「世界ダウン症の日」を国際デーとして設定しています）。日本ダウン症協会を中心に、ダウン症の子ども

活動の目的（ねらい）

「障害のある子どもの笑顔展」のうち、「作品展」コーナーでは、見る者を思わず笑顔にしてしまう、豊かで魅力ある子どもたちの作品を、多くの人に見てもらいたい。そして、自分の作品が飾られ多くの人たちに見てもらう経験を通じて、子どもたちのさらなる創作意欲を引き出し、生きる楽しさを感じてもらいたい。「写真展」コーナーでは、親のわが子に対する愛情あふれる写真を展示するとともに、大学生が子どもたちと楽しく遊び交流を深める中で、子どもたちの見せる自然な笑顔をとらえシャッターを切るという経験をしてもらい、その写真を展示したいと考えている。「見ると笑顔になる作品」や「笑顔の写真」を展示し、「見に来た人たちに笑顔で帰ってもらう」という、「笑顔」をとおしての障害理解、子ども理解の機会とし、関係者及び地域住民の交流と意識向上とを目指す。

この活動を計画した背景

これまでに、奈良市近郊に住む知的障害児及びその親の会、自閉症の親グループで穏やかな組織を作り、交流を行ってきた。さらに専門家を目指す大学生との間では、親に対して様々な育児支援を行ったり、大学生が保育ボランティアとして親の活動に参加したり、障害児の親が大学の授業で育児体験を語るなど、相互理解を深めつつ協力し合う関係が築かれてきている。その素地を活かし、今回は「子ども自身」を主役にして、子どもの作品（絵画や工作等）や、親や学生が撮影した子どもの写真等を展示し、関係者間の交流をさらに深めつつ、地域社会に障害理解を広げる機会にしたいと考えた。

たちの写真展が開催されたことも、新聞紙上に掲載されました。わたしはダウン症の子どもと家族の写真展を奈良でもできないものかと思っていました。

障害児保育の講義で、酒井さんと山口さんにお話しをしていただいた後、正門に向かう帰り道。ちょうどレンガ造りの教育資料館が見える場所にさしかかりました。大学の教育資料館がほとんど使われていないことを聞いていたので、ちょうどいいとばかりに、酒井さんと山口さん、杉本さんに相談をもちかけてみました。「あそこで、写真展をしてみたい」と。

それを形にしてくれたのが、杉本さんでした。杉本さんは酒井さんと相談して、さっそく「障害のある子どもの笑顔展」（笑顔展）として企画書をつくり、障害児保育に参加した学生さんたちを組織して、バンビーナ21の療育教室で、写真を撮る計画を立ててくれました。さらに、「子どもゆめ基金」（独立行政法人国立青少年教育振興機構）への助成申請の段取りもとってくれました。

「障害のある子どもの笑顔展」

バンビーナ21と連携して、杉本さんが学生ボランティア「スマイルクラブ」をつくって、ダウン症の子どもたちと楽しむ活動をしてくれました。奈良公園の飛火野で、ネイチャーウォッチングで有名な谷幸三先生にお願いして植物や昆虫の話を聞きながら、ハイキングを楽しんだこともありました。

その活動の一方、「笑顔展」のメインになる子どもたちの写真については、家族と一緒の子どもたちの笑顔の写真を集めようといろいろ試みたものの、なかなか集まりません。家族にとって一緒に写っているものを展示することには、ハードルが高いようでした。そうなったら、子どもたちが笑顔で楽しんでいる写真を撮るしかない！

杉本さん、酒井さんの尽力で、ダウン症の幼児さんの集まるバンビーナ21の音楽療法の会、学齢期以上の日本ダウン症協会の療育教室、そして合同のランチ会がもたれ、その場での撮影の機会が設定されました。

夏休みの8月4日、午前から昼食をはさんで14時まで。学生さんには保育ボランティアをするとともに、子どもたちの写真撮影もお願いしました。保育ボランティアのお願いは次のようなものにしました。

・人なつっこい子どもたちが多いので、すぐに子どもたちのほうから打ち解けてくれると思いますが、今まで聴覚過敏の子どもやひとり遊びを好む子どももいました。それぞれの子どもに合わせた遊びや支援をするようにしてください。
・写真撮影をする時は、他のボランティアメンバーと連携をとりながら、子どもの安全に気を配るとともに、自分自身の安全にも気をつけてください。シャッターチャンスや枚数などはお任せします。後日データーを集め選定します。

「障害のある子どもの笑顔展」の教育資料館での開催は、２０１１年11月18日～27日と決定。ポスターやチラシを山口さんの御主人が作ってくれました。杉本さんを中心に、9月には、写真の選定を保護者のみなさんで行いました。準備では、いろいろな意見が出て、あっちこっちに行き、物事が決まらないこともあったようですが、杉本さんが何事もなかったかのように処理してくれたようです。

子どもたちの写真は、杉本さんが美的感性を発揮してレイアウトし、マスキングテープなどでかわいく飾りつけ、パネルを作っていってくれました。小さないすなどにも、写真を額に入れて飾り付け、撮影した学生さんたちのコメントも一つのパネルになりました。一方、山口さんは、マオくんのこれまで描き続けてきた絵を選んで、額縁に入れてレイアウト。教育資料館の古い机にもポップでかわいらしい

マオくんのイラストが飾りつけられました。

　開催する以上は、なんとしても多くの人に見てもらわなければと焦りましたが、幸いわたしがもっていた講義に、杉本さんや山口さんを講師として招き、「笑顔展」の宣伝をしました。講義の課題に、「笑顔展の展示の中で自分の気に入った写真や展示を一つ取り上げて、それに詩をつける」というものを出して、「笑顔展」につなげました。

「笑顔展」が始まると、贈られてきたランの花が飾られているのを見てびっくり。杉本さんは、すました顔で、来てくれた人たちにお辞儀をしています。静かなギャラリー風のところに、どたばたと講義の受講生を引率して連れていき、適当なことを大きな声で言っているわたしの姿に、杉本さんは冷たい視線。

　山口さん、大学の講義の合間を縫ってこられた酒

井さんが、一所懸命子どもたちの活動や作品の説明をし、教職大学院に来ていた現職の先生方をはじめ多くの学生さんも熱心に、話を聞いてくれました。

ダンボール積み木を置き、いろいろ組み合わせて遊んだり、積み木の表面に子どもたちが落書きをしたりと、遊べるコーナーもつくりました。

それなのに、当時わたしが担任をしていた特別支援教育専修の1回生は、会場に置いてあった『光とともに』(戸部けいこ、秋田書店)などの漫画をだらしない格好で読みふけり、杉本さんのひんしゅくをかっていました(指導が行き届かずすみません! 今は特別支援学校で教師としてがんばっています)。

参加者の写真をチェキ(その場で写真の印刷ができるインスタントカメラ)で撮って、模造紙に大きな緑の木を描いたものを用意し、参加者の笑顔の写真をそこに貼って、「スマイルツリー」を作っていくようにしました。チェキのフィルムがなくなるたびに、わたしはフィルムを買いに行くパシリの役割をいいつけられたものです。

初めて開催した「笑顔展」だったこともあり、やれることはなんでもやれとばかりに、出血大サービスして材料をそろえたため、「子どもゆめ基金」からの援助、研究費からの支出なども活用したものの、お金の計算が苦手な実行委員会の面々は大パニック。それでもなんとかなりました。無茶ぶりして学生さんに出した課題も、杉本さんがパワーポイントに整理して、プレゼンできるようにまとめてくれました。杉本さんにおんぶにだっこでしたが、第1回の「障害のある子どもの笑顔展」は、カビ臭かった教育資料館をスマートでかわいいギャラリーに変え、多くの人たちに「笑顔」を広めることができました。

「笑顔展」を1回だけに終わらせるのはもったいない。パネルや額縁など使える財産もできたし…。杉本さんの心の中はストレス満載だったと思いますが、平然を装って、無茶ぶりを受けとめてくれました。第2回「障害のある子どもの笑顔展」は、2012年11月16日〜26日まで開催されました。ポスターには、次のように書かれています。

子どもたちの
無邪気で
愛らしい「写真」
くすっと笑顔になる
ユニークな「絵」
夢中で制作した
個性豊かな「作品」

見るだけで
笑顔になって
誰かに話したく
なってしまう
笑顔が主人公の
展示会です

バンビーナ21の子どもたちの写真、マオくんの絵、週1回パンの訪問販売に来てくれていた事業所「こッから」の仲間の編み物人形などの作品が展示されました。さらに、もっと楽しくということで、杉本さんの南京玉すだれの実演、チンドン屋さんの登場、教職大学院の人たちの「笑顔展」のために作ってくれた歌と演奏なども披露されることになりました。

「笑顔展」に刺激を受けたのか「こッから」の母体の社会福祉法人こぶしの会は、2013年の8月に奈良市美術館で「やなせたかしの世界展」を開催することに。マオくんの弟ユウくんは、愛と正義のアンパンマンが大好きなので、ワクワクでした。「やなせたかしの世界展」の関連企画として、小規模でしたが「マオくん展」、そして写真パネルを中心として第3回の「笑顔展簡易版」も奈良市美術館で開催されたのでした。

「障害のある子どもの笑顔展」から「てとてをあわせて　で・あいのある世界展」へ

「これからどうする？」――酒井さん宅にて

「笑顔展」は杉本さんによって土台がつくられました。彼女の孤軍奮闘で成り立っていた「笑顔展」でしたが、2013年8月の「やなせたかしの世界展」と関連企画があり、杉本さんも青色吐息だった様子。そんなこともあって、酒井さん、山口さんと、2013年度の展示会をどうするかを、酒井さん宅で相談することになりました。

「杉本先生にいつまでもおんぶにだっこでは長続きしないよね」

「写真の展示も、なかなか抵抗がある人も多いし、写真だけで子どもを理解することも難しいから、工夫が必要かも」

「学生さんたちも、もっと積極的に関わりたいと思ってんじゃない？　いろんな学生さんがいるからそれぞれに工夫をした作品をつくってくれるかも」

「これまでの笑顔展でイメージができているから、学生さんたちの実行委員会もつくれるんじゃないかな」

「いろんな作品をつくっている人がいるんだけど…声をかけてみたいな」

「奈良教育大学付属小学校の19クラス（特別支援学級）の子どもたちの作品も…」

いろいろ話し合う中で、これまでの「障害のある子どもの笑顔展」を継承して、障害のある人たちの作品展示を中心において、学生のコラボ作品を組み合わせて、手をつないでいく試みの展示会をしようという方向性がみえてきました。

そうなると名称も変えてと…山口さんから「展示会の名前は、玉村先生が考えて」とポンと投げられてしまいました。

ない知恵を絞り上げながら、手をつないで…、「手」と「手」とあわせて、「て」が複数だから「で」（「て」の二乗の「^{2}て」）、ある事業所でおもしろい切り絵の作品をつくっていたＡＳＤとＡＤＨＤのあるあいちゃんも参加することになっていたので、じゃあ、「で・あい」でいこう！　「てとてをあわせて　で・あいのある世界展」（「で・あい展」）と命名し、みんなの「愛」がある展示会にしていこうよと、納得し合いました。

「で・あい展」の開催

２０１３年夏に「やなせたかしの世界展」とその関連で「笑顔展簡易版」をしていたので、「で・あい展」の企画の準備は、秋からの出発でした。奈良教育大学の教育資料館展示等企画による活動補助を申請して、ポスターやチラシを作成しました。開催期間は、２０１４

年1日27日～2月2日までとし、2013年の秋には「で・あい展」の準備をすべく学生実行委員会を組織、学生さんたちの作品も準備して、出品者やその家族とともに盛り上げていきました。

山口さんをはじめとして保護者の方々（「かあちゃんず」）には、わたしが担当する学部や大学院、教職大学院の講義や演習において、子育ての経験や苦労、願いを話していただくとともに、学生・院生には、作品と「で・あい展」についての理解と参加を促しました。

ある講義には、先述した切り絵作家のあいちゃんに来ていただき、受講者に切り絵のお題を出してもらい、即興で切り絵の実演をしてもらいました。完璧主義のあいちゃんの切り絵は、完成するまでそれなりに時間がかかります。その間、山口さんとわたしが、「ちゃららららら～♪」と雰囲気を盛り上げ、間がもたないとなると、作家さんのエピソードトークをしたり、さらにはかけ合いの漫談までする ことにもなりました。もう完成と思われても、もう少しとねばるあいちゃん。なんとか間をもたせようとする司会の二人。そんな活動を見ている学生さんたちに、作品や作者への理解は深まっていたようです。「で・あい展」開催中も、会場で実演を行い、多くの来場者の目を釘付けにしました。後に、楽器ができる学生さんたちに協力していただき、コラボで演奏と実演を行うことになっていきました。

学生さんたちは、学生実行委員を中心にして、会場に置く顔出し看板を作って写真を一緒に撮れるようにしたり、特別支援に興味をもつ書道科の学生さんに呼びかけて、ユニークな書の作品を展示してもらったりしていました。自主的に企画した自分たちの展示会として、来場者へ作品の解説やグッズの販売などを積極的に行って、「かあちゃんず」からも称賛の声があがりました。

展示した作品は、必ずしもアートとして完成度が高いことを基準としていません。その子どもやその人の日常の中で支えとなっているものを重視しました。自閉症の子どもの絵画作品、知的障害児の作業と連携した保護者のフェルト作品、脳性まひの方のコンピューターでの絵画作品、前述の切り絵作品などでした。また、それらとコラボする作品として、学生の「書」、造形の作品、詩やメッセージ、教員の作品も展示しました。参加者の協力を得て切り絵とフェルト作品づくりのワークショップも行い、教職大学院生は自閉症児の絵を題材とした歌を作成し、その合唱を披露してくれました。

来場者は、700名を超え、一言メッセージで温かい言葉をいただきました。来場者は、学生以外に、朝日新聞奈良版及び奈良新聞に掲載された記事を見た地域の方々、施設や学校、幼稚園の保護者、障害のある人たちとその関係者、一般の方々など多彩でした。

こうして、「障害のある子どもの笑顔展」から「てとてをあわせて　で・あいのある世界展」へと発展させることができました。

COLUMN

「笑顔展」から「で・あい展」へ

学生・院生・社会人としての付き合い

大原史也

私は第2回笑顔展から参加させてもらっていますが、企画段階から関わったことはほとんどありません。あくまでもお手伝いという形での参加です。学部生として関わったことはなく、特別支援教育特別専攻科の学生、院生、社会人として参加してきました。当事者なのか、第三者的なのかよくわからず、ふわふわした立場からの話として受けとめてもらえたらと思います。

私の「笑顔展」「で・あい展」との出会いは社会勉強のためでした。当時、奈良教育大学特別支援教育特別専攻科の学生だった私には「社会経験が足りない！　もっと仕事について考えるべきだ！」と、玉村先生から口うるさく言われ、山口歩さんの元に送り込まれました。「笑顔展」の販売コーナーのお手伝いという形で参加しました。最初に、山口さんから「なんやその汚い服は！　これを着て！」とマオズパーカー（マオくんのイラストの入ったオリジナルグッズ）を渡されたのが出会いです。

山口さんからは販売活動をしながら仕事の話を聞きました。実演販売で大活躍し、最後は浄水器を売った話、かつお節屋で働いた時はかつお節まみれになり、お風呂に入ったら出汁が出た等々…様々なお話を聞かせてもらいました。世の中いろいろあるのだと勉強させてもらいました。

展示会は「笑顔展」から、「で・あい展」へと変わっていきました。「笑顔展」は専門家といえる杉本先生がいることで成り立っているイベントでした。参加する学生がメインで動くということはなく、あくまでもお手伝いという雰囲気があったように思います。緊張感がある中で学生が動いていました。それはそれでいい経験ですし、やる気のある学生たちが集まってきます。みんな展示会のために頑張っていました。

第3回からは「で・あい展」となり、山口さんが中心で、学生たちはより前に出てくるようになりました。学生企画もあり、学生がより主体的に動いていくようになりました。学生たちが作り上げてきたイベントです。ただ、参加する学生が増え、毎年の恒例行事のようになりました。みんながやっているからというような、やらされている感がないわけでもありません。「笑顔展」にあった緊張感がなくなり、自由と好き勝手を勘違いした学生たちも出てきました。そんな時は山口さんが指導のようなことをすることになります。先生でもなく、専門家でもない山口さんが指導するということには立場上の難しさがあったと思います。仲間内だけ、自分たちだけが楽しめたらいいと思う学生たちはあまり楽しそうではなくなり、自然と離れていく。自由を理解し、発信していくことにおもしろさを感じる学生たちは積極的に参加していく。1回生、2回生、3回生、4回生と進んでいく中で、その差は大きくなっていくように感じます。おもしろさを感じ取った学生たちは、卒業後も展示会にやってきてくれます。展示会が彼らにとって、帰ってくることのできる場所にもなっているのです。

学生たちにとって、展示会は大学の外とつながれる大切な場です。まず、外に向かって発信することができます。特別支援教育専修以外の学生に向けてはもちろんですが、学外に向けても発信ができます。学生が仲間内だけで盛り上がり、自己満足で終わることはなく、学外の人たちとも関わることができる場です。また、保護者やその家族と対等な立場でも関われるのも大きなことです。当事者とは様々な現場で深く関わることができますが、その保護者や家族とはなかなか関わることはできません。それは福祉の現場で働くようになり、強く感じます。たとえ、アルバイトやボランティアであっても、保護者や家族にとっては学校や事業所側の人です。そこで本音を話すことは難しいのではないのでしょうか。展示会を進める中で、出展する作家さんの家族、その関係者と関わることは多くあります。学生たちに様々なことを話してくださいます。どこかの先生、職員ではなく、学生だからこそ、個人として関われるのではないかと思います。そのような思いに触れられることは本当に貴重です。

最後に、個人的な話ですが、杉本温子先生が玉村公二彦先生に山口さん、マオくんを紹介しました。私はその杉本先生が取り組んでおられた活動に参加し、様々な経験をすることができました。そして現在、杉本先生の息子さんが設立時から関わっている事業所で働いています。杉本先生がつくった流れに乗っているだけなのかもしれません。今の私があるのは玉村先生と山口さんの影響がとても大きいです。杉本先生から直接何か指導していただいたということはありませんが、杉本先生がつくってくださった流れの中で生きている今、同じように恩人であると思っています。出会いに感謝し、学んだことを今後も生かしていきたいと思っています。

（ジョイアススクールつなぎ　支援員）

「で・あい展」の発展と学生たち

「で・あい展」は、２０１４年１月から始まり、２０１３年度から２０１７年度までの５年間、継続して開催されました。

出品者も、いろいろな方々が参加してくれるようになっていきました。時には、岡山から飛び入りで出品したいと申し込んでくれた方もいました。来場者は８００人を超えるようになり、様々な方の出会いの場となっていきました。「笑顔展」から出品しているマオくんは、小学生から中学生を経て、高等部生になっていきます。マオくんやユウくんの小学校から中学校の同級生たちも保護者とともに来場してくれました。年々成長するマオくんやユウくんの姿、その年にあったエピソードを山口さんから

折々に聞くこともでき、学生たちはその年ごとに子どもたちの発達を実感するのでした。
学生実行委員会は、奈良教育大学の特別支援教育専修学生が経験を継承して、学生企画や出品作品をつくっていきます。2015年の「で・あい展」には、1、2回生が合同で知恵を絞ってくれた「あいのあるカルタ」が出品されました。「あいまいな言葉よりも、具体的な言葉で」として、「障害のことをわかりやすく知ってほしいという気持ちを込めて作りました」と。障害の特性や支援のヒントを50音に託して、読み札と絵札にあらわしてくれています。ちなみに、タ行を紹介しておきましょう。

た：ダメって注意するよりも、〜しますって言って欲しいなぁ
ち：ちゃんとして！ どこをどうして何すれば？ 丁度のかげんが難しい
つ：常に一番！ 強いこだわりたくさんあります
て：出来る出来ないだけで判断しないで。もっと僕をちゃんと見て
と：どこまで何をするか、区切られているとわかりやすい

次の年には、「であいスゴロク」を考えてくれました。障害のある子どもの子育てエピソードを聞き取りながら、乳児期から育っていく過程に位置づけて、生涯にわたる発達の支援や

社会の課題を考えるものとなっていました。

　学生さんたちは、それぞれの作品や作者について、来場者に説明してくれていました。その姿に「かあちゃんず」たちは、感動！　よい教師に育ってほしいと願いを強めていました。障害のある人たちや子ども・青年たちも、作品を学生さんや来場者に見ていただくことによって、自己肯定感を高めていき、さらに次にはこうしようというような意欲や希望が出てきています。学生さんとの交流は、お姉さんやお兄さん、あるいは同年代の青年として、また質の違った交流を生み、生活の糧となっているようです。

　年1回の「で・あい展」が安定して運営されていったのは、山口さんの下支えのおかげです。わたしが

できるのは、事務的な手助けをすること、講義の時間を提供して、その意義をお話しいただく機会をつくることくらいです。「今年はどんな、『で・あい展』になるやろ」と軽い気持ちで、期待ばかりがふくらみました。時には、気まぐれで、自分の作品などを出品しました。つくった教材やおもちゃ、写真、小学校時代の成績表も展示したこともありました。わたしの成績表を見た当時の学長だった長友恒人さんが「玉村さんは、子どもの頃となんにも変わっていないなぁ」とため息をついていたことを、後で聞かされました。開催中は、暇な時にひやかしに行き、差し入れをほうばらせてもらって、おしゃべりをすることが何よりも楽しみでした。

COLUMN

トモの「書」

河野正子

息子の知洋は24週4日742gの超低出生体重児で生まれ、数日後の脳出血が原因で脳室周囲白質軟化症と診断されました。現在は、知能、精神遅滞、肢体不自由、てんかん、発達検査では2歳から17歳の凸凹な理解力、昭和歌謡曲が大好きな20歳の青年です。

知洋が「てとてをあわせて　で・あいのある世界展」に出展するきっかけは、その前年度にあった「笑顔展」です。支援学級担任の大場壽子先生が知洋の学校生活を撮影した写真を学校や登下校中に知洋がつぶやいた言葉をポエム風にしたのとともに、杉本先生がパネルの作品に仕上げて展示してくださいました。そして、私と知洋が緊張しながら作品を見に行った時に、ものすごくパワフルで笑顔いっぱいの女性が知洋と私を迎え入れ、会場内を案内してくださいました。

あの時は、誰がどなたかわからないままでしたが、その女性が山口歩さんと知ったのは翌年の「で・あい展」に小学校の習字の時間に大場先生と書いた作品を持ち込んだ日でした。知洋は小学4年生でしたが、自分の作品がきれいに飾られ、学生のお姉さんやお兄さんに褒められてご満悦で、来館者の方の手を引いては自分の作品を見せていました。

手に麻痺があり、動作をする時に力が入り筆を持ち上げられないので、私が知洋の肘を支えて一文字一画ずつ筆を運ばせて書いていきます。知洋は、小学3年生まで平仮名などの字は読めませんでした。

脳性麻痺と診断され、NICU卒業後すぐに早期療育を始めました。そんな中、療育の保育士の真似ができるようになり、もしかしたら定型発達の子たちの中にいたら知洋に良い影響になるかもしれないと思い、地域の保育園へ入園しました。3年間でとても大きな成長が見られたのと、定型発達の子たちと一緒に過ごせる機会は学齢期の義務教育の間しかないからと地域の小学校へ入学を希望しました。勉強はできなくてもいいので、同級生がやっている良いことも悪いことも目で見て耳で聞いて肌で感じてほしいなと思っていたので、平仮名を覚えるとかは考えてもいませんでした。

小学4年生の時に大場先生がご自分のパソコンを使って平仮名を教えてくださいました。パソコン画面の文字とあいうえおの絵本と音でマッチングしていくうちに平仮名を覚えていきました。そして、習字の授業が始まり、鉛筆と違って力を入れなくても線が引けたり、点々と書けたりと楽しんでいました。その頃から、日々の会話の中でつぶやいた言葉や行事であったり写真を見てつぶやいた言葉を私や先生が書き留めておいたもの、お題を決めて連想した言葉をつないだりしたものを書の作品に仕上げ、毎年の展示会に出展するようになりました。

「で・あい展」では、いつも学生さんが知洋の作品がよく見えるように工夫して展示してくれます。私にはないアイデアが満載で大助かりです。それに、知洋のエピソードに真剣に耳を傾けてくれます。それは、第1回目から変わらず、10年たった今も同じで、親バカな私の話に耳を傾けてくれるので、私の心が癒されていくようでした。それに、書の作品について知洋の気持ちに寄り添い来館者にていねいに説明してくださいます。それは脈々と受け継がれていきすごいことだと、毎年の展示会で感謝することの一つであり、それを近くで聞くことで知洋は成功体験が増えていくようです。自己肯定感が爆上がりです。

お勉強や訓練が苦手な知洋ですが『で・あいのある世界展』で見てもらおうね」と声をかけると字の練習を始め、連想させる言葉も増えていき、ゲラゲラ笑いながら作品を仕上げていくのも学生さんが「すごい」「これはおもしろい」と声をかけてくれるのを楽しみにしているのだと思います。それに、私も同じ想いのお母さんたちと出会えることもうれしいです。展示会期間にスタッフで入るほんの少しの隙間時間にお互いの話をして共感や共鳴していく時間も大切だなと思います。

今年の展示会では、同い年の男子学生さんのことを「俺の友達」と私に紹介してくれました。「で・あい展」では初めてのことだったので、とてもうれしかったです。私と知洋にとって、「で・あい展」は、親子で前向きになれて、とても楽しい展示会です。

（奈良県肢体不自由児者父母の会、手をつなぐ育成会・会員）

「で・あい展（ファイナル）」

「笑顔展」から7回目、第5回の「で・あい展」は、２０１７年11月19日〜11月26日まで開催されました。ポスターには小さくファイナル（ＦＩＮＡＬ）と書き入れてもらいました。２０１７年９月から11月に奈良県で開催された「第32回国民文化祭・なら２０１７」「第17回全国障害者芸術・文化祭なら大会」の応援事業として、「てとてをあわせて　で・あいのある世界展」も登録されました。

２０１７年で「ファイナル」としたのは、会場に使用してきた教育資料館が、次の年度の２０１８年度に全面改修工事となり、使用できないことがありました。それから、わたし自身が、２０１９年３月末で、奈良教育大学での定年退職を少し前倒して、私立大学に異動することになったのも、大きな要因でした。２０１７年度は、わたしの担当学年の学生たちが3回生となり、２０１８年度が最終学年となります。そして「笑顔展」から一貫して出品してきたマオくんも、２０１７年４月に高等部に進学しており、２０２０年度には高等部の最終学年に。1、2年後のことを考えると、教育資料館の全面改修をきっかけに一区切りつけるのがいいのではないかと、山口さんたちとも相談しました。奈良県でのアート関係の取り組みも活発になり、2011年より「奈良県障害者芸術祭 HAPPY SPOT NARA」が始まり（現在は、「奈良県みんなでたのしむ大芸術祭〈みん芸〉」として開催）、2012年度より「キラリと輝く！ 特別支援学校アート展」（NPO法人奈良チャレンジド主催）が定着をしてきていました。

第5回の「で・あい展」では、これまで出品してきた作家さんたちとともに、あらたに養護学校の生徒さんたちからも出品があり、奈良教育大学付属小学校の19クラス（特別支援学級）の子どもたちの作品も展示されました。福祉事業所の「こッから」の仲間たちも集団で参加し、杉本さんの息子さんが施設長をする「ジョイア

ススクールつなぎ」（奈良で福祉型専攻科を運営）の学生さんと支援員の人たちが創作した「セクシー・ラジオ体操」を引っ提げて、あやしげなパフォーマンスを披露してくれました。学生さんたちの「で・あい楽団」の演奏とともに、恒例のあいちゃんの切り絵パフォーマンスの定期公演があったり、「かあちゃんず」を中心とした、奈良県発達障害者支援センター「でぃあー」とのコラボ企画の「で・あい講演会」と「子育てトーク会」は会場がいっぱいになりました。その他、障害のある人たちが登場する映画の紹介と映画会など、多彩な活動を展開しました。

一応、ファイナル（最終）となった「てとてをあわせて　で・あいのある世界展」は多くの出会いを生み出して終了しました。

後日、恒例になっている酒井さん宅でのおつかれさん会。これまでの経過をスライドで見ながら、頑張りを満面の笑顔で確認し合いました。

COLUMN

で・あいの中でのであい

中山雄登

山口歩さんとの出会い。私にとっての「てとてをあわせて　で・あいのある世界展」はここから始まりました。山口さんの人柄や話に引き込まれ、楽しそうだなという思いで参加した「で・あい展」でしたが、学生スタッフとして、また、卒業後もOBスタッフとして展示会に携わらせていただいた経験は、多くの方々との出会いや作品との出会いを生み出してくれました。

「で・あい展」に携わって驚いたのが、その来客数の多さです。毎年の開催を楽しみにされている方、山口さんのご友人やお知り合いの方、同じ障害のある子どもがおられる方、大学の最寄り駅でチラシを見た方等、数多くの方が興味をもって来場してくださいました。学生の頃は、楽しみな気持ちがありつつも、お客さんに対して「自分が作品の良さを十分に伝えられるだろうか」「障害について理解していただけるような説明ができるだろうか」と不安や緊張の中で取り組んでいました。そのような中、その緊張すらも温かく包んでくれるような展示会の雰囲気が私はとても好きでした。その雰囲気づくりができていたのも、「で・あい展」の中心に山口さんがいたからだと思います。展示会を進める中では、山口さんをはじめとして、出展する作家さんの保護者やご家族と関わることが多くありました。中でも山口さんは、学生に対しても分け隔てなくいつでも明るく接してくださいます。障害理解へつなげるために、「で・あい展」の中で学生企画としてマオくんのキャラクターのパペットを手づくりし、オリジナルのストーリーを演じた際は、パペットがなかなか完成せず、前日まで大学に泊まり込みで準備していたことがバレて山口さんに怒られたこともありました。

私は、今でも第二の母として慕うほどですが、その背景にあるものを学生時代の私は見落としていたこともありました。今でこそ、特別支援学校の教師として働く中で、児童生徒のことやその保護者のこと、生育歴や家庭環境等の背景にあるものまで目を向けて接することを心がけていますが、いつでも明るく接してくださる山口さんといると、障害と向き合ってきた過去のことや、その当時の気持ち等を忘れてしまいそうになることがありました。学生時代には、山口さんのご友人からそのことを指摘され、ハッとしたことが印象深く残っています。

「で・あい展」に携わっていると、その作品のきれいさやクオリティの高さに驚かれる方が多くおられます。「障害があるのにこんな作品を描けてすごいね」とたくさんの感想を伝えていただけます。しかし、そのような感想を聞くと、どこか引っかかる部分もあるように感じます。「で・あい展」のテーマは「障がいのある・ないの垣根を取り払って、アートの世界を通じて人と人との交流を拡げていきたい！」というものです。もちろん感想のように、障害があってもアートという表現方法で自身の個性を表出していることがすごいことだと思います。しかし、表面的な意味合いで受け取ってしまうと、どこか障害に対して線引きしてしまっている印象も感じます。作家さんたちの作品を〝障害があるから〟ではなく、その人の表現として素直に受け取ってほしい、その上で障害理解を深め、彼らのことを知っていってほしいと思います。

そのようなことも「で・あい展」に参加していなければ考えることはできなかったと感じています。

「で・あい展」は、発信の場であり、受信の場です。特に学生にとっては、来場されたお客さんに作家さんのことや障害について発信する場であるとともに、関わる方々から多くの話を聞き、学ぶことのできる受信の場になります。

このような場所をつくり出し継続していくことは、非常に難しいことだと思います。

学生時代に山口さんと出会い、「で・あい展」に参加できたこと、卒業後、特別支援学校の教師となってからの視点でも関われていること、私自身とても恵まれていたと感じるとともに、今の学生にも携わって様々なことを感じてほしいです。

これまでの出会いに感謝し、学んだことを生かしながらこれからも研鑽を重ねていきたいと思います。

（特別支援学校教員）

むすびにかえて――

大学は何をするところだろう？
障害のある人たちにとっての大学の魅力って何だろう？

「障害のある子どもの笑顔展」、そして「てとてをあわせて　で・あいのある世界展」は、写真やアートの世界をとおして、様々な人たちが出会う試みでした。この間、障害のある人たちのアートは、「障害者アート」「エイブルアート」「アウトサイダーアート」「アールブリュット」など様々に呼ばれて注目されてきた経過があります。しかし、わたし自身は、もっと単純に、アートを、障害のある人たちの幸せが込められているものや作品ととらえています。だから、笑顔も、頑張っている姿も宝物だしアート、穏やかな毎日の中での生活自身がアートを下支えし、生活そのものもアートになると思っています。そんな宝物を、大学という教育と研究の場で、みんなで共有するという試みを行ってきたのではないかと思っています。

ひとまず、2017年度でファイナルとなった「で・あい展」でしたが、区切りとなった、2018年には、山口さんの「もしも願いが叶うなら～かあちゃんとうちゃんの、おもしろ子育て奮闘記」が、第53回ＮＨＫ障害福祉賞最優秀賞を受賞して、ＮＨＫのハートネットＴＶにも登場して、みんなを驚かせました。出会った頃の山口さんは、ＮＨＫ教育テレビで体操のおにいさんが変わるたびに、マオくんにテレビを壊され、「なんで、体操のおにいさんを変えるの！」とＮＨＫに強い恨みをもっていたとのことでしたが、マオくんとユウくんの成長と子育て奮闘記はそのＮＨＫに評価されるということになったのです。

その後、「ファイナル」とした山口さんには、学生から終了したことへの大ブーイングがありました。その原因をつくったわたしはいなくなっていたので、八つ当たりもあってか山口さんに抗議が集中！　こうして、２０１９年から学生さんたちの強い要望で「リターンズ」として「で・あい展」は再開され、コロナ禍においても継続されて現在に至っています。

マオくんも、ユウくんも、すでに特別支援学校高等部を卒業し、20歳を過ぎています。同年代の青年としての学生さんたちと、大学という場で交流し合うこと、マオくん、ユウくんに限らず、障害のある人たちがつどって、大学という場に蓄積された文化や科学を享受していけるように、特に生涯学習をも含んだ高等教育の世界が懐深くなっていくことが期待されます。「で・あい展」に参加した、障害のある青年や成人の方、また、保護者や関係者の人たちと語ってみると、大学という場がもつ魅力があることが感じ取れます。それは、大学にとっても可能性だと思います。

大学という場がもつ魅力、手前味噌かもしれませんが、「で・あい展」が示したのは、大学は地域や障害のある人たちにとって魅力ある存在ということです。しかし、教員養成系大学・学部は、バブル経済が崩壊した後の1990年代、学生定員の5000名削減を強いられ、21世紀に入ると、国立大学法人化がなされ、運営費交付金は削減され続けてきました。大学の教育・研究も、時の政策に沿うように強く方向づけられて縛られてきました。けれども、そもそも、国民の財産としてつくられた大学ですから、研究や教育は、科学技術、文化を享受する主体としての国民の願いに沿って行われる必要があります。特に教員養成系大学は、国民の願いに応える教育や文化を創っていく役割があります。「みんなのねがいでつくる学校」「国民の

「で・あい展」会場で。中央が玉村

ねがいを受けとめる開かれた大学」として、子どもたちや障害のある人たちが幸福追求の主人公になる教育機関、学校や大学になってほしいと願っています。大学は、障害のある人たちも含めてその願いを受けとめて、人類の培ってきた文化・科学、そして多様な人と出会い、それらを尊重し合い、人間の尊厳をうち立てていくという役割を自覚し、大学の財産を見失うことのないよう、そして共同の財産を創っていけるよう、努力し合いたいものです。

最後に、杉本さんに紹介されてお付き合いが始まった山口さん、マオくん、ユウくんの子育てと成長と発達、それを支え、広げる土台づくりの奮闘努力、思わず笑ってしまうマオくんたちのエピソード、そして関わった人たちのじんわり心に染みいる心遣いの様子は、毎年のように聞かせていただきました。マオくん、ユウくんの小学校から中学校、そして高等部から進路へと様々なエピソード、そして母ちゃん、父ちゃんの思いと努力は、みんなの共通の財産です。社会に出ていく青年期までにバージョンアップされた「おもしろ子育て奮闘記」がまとめられることを期待しています。

COLUMN

私と母

杉本　圭

　正直、母・杉本温子から怒られた記憶は数回程度しかなく、「すごいやん」と褒められた記憶は多々ある。やりたいこともやらせてもらえた。高校3年の受験真っただ中の夏休みに無人島キャンプにも参加させてもらった（結局大学受験は失敗した）。本当にのびのびと育ててもらったんだと、今ではよくわかる。

　母について書いてほしいと依頼があった時、母の仕事についてのことはほとんど思い出せなかった。というより知らなかった。生前、家では仕事の話をあまり聞いたことがない。晩年、病気が進行してしまう前は何やら紙芝居やら絵本やら作っているのは見たことがあったのだが、どんな仕事をしているのかは聞きもしなかったし、母も話さなかった。別に母が話さない人だったわけではなく、私が聞かない人間だったことが大きいと思う。私の家族の男は自由人ばかりだったので…。今思えば、自由人ばかりの家族をつなぎとめてくれていたのが母だったのだろう。母がいなければ、それぞれが自由に好きなことだけをして、家族としてのつながりが希薄になっていたと思う。仕事のことはあまりわからないが、母はとてもしっかり者だった。

　さて、思い返しながら書いていると今の自分の仕事につながることも母からたくさんもらっているのではないかと気づく。私自身の仕事に

ついて説明をした後に、何が母とつながってい
るのかを記してみたい。

私の仕事は障害福祉分野の福祉型専攻科『ジョイアススクールつなぎ』の支援員である。福祉型専攻科とは、高等部を卒業した18歳の障害をもつ青年たちの学びの場で、福祉の制度を使ったものである。いわば障害をもつ青年たちの大学といったところ。自分で決め、人格を育て、自分をつくる場所。青春を謳歌する場所である。そこでは支援員は「怒らない」「答えを出さない」「成績をつけない」「自分で決めるまで呆れるほど待つ」といった当事者（以下、学生と呼ぶ）が主人公になる手助けをする。実はこれがけっこう難しい。「○○しなさい」って言ったほうが早く済むし、イライラもする。それでも学生が時間をかけ失敗を繰り返す中、自分で決める力がついてくる。ほんとにすごい成長を見せてくれる。

実は、ジョイアススクールつなぎを設立した阪東俊忠さんは、母と同じ大学院の学生でそのつながりから働かせてもらうことになった。物理的にもつないでくれた母。小学生の時に母が見ていた子が大きくなりジョイアススクールつなぎに入学して親子二代で関わるなんてこともあった。

支援のあり方としては〝怒らない母〟に育ててもらったので、怒らない育て方は見たし、してもらったことがある。ここでも母の子育てが生きている。息子は立派に怒らない人間になりました。この怒らない見本があったからこそ、ものすごく心に余裕をもって学生と向き合うことができていると感じている。

こうして思い出していくと、日々の家庭の中でも母がしてきた教育や話は、直接的でなくとも障害をもつ人に対する接し方や付き合い方の基礎となるものがちりばめられていたのだろう。

小学生の頃、たまに母が通う小学校の特別支援学級に遊びに行ったことも思い出す。その時点で障害をもつ人への心の壁は取っ払われていたと思う。私が福祉の道に進んでいるのはまさしく母のお導き。感謝しています。

（ジョイアススクールつなぎ　支援員）

＊本書をまとめるにあたって、杉本さんのご家族、杉本義己さん、杉本圭さんにはご理解とご協力いただきました。また、これまで「てとてをあわせて　で・あいのある世界展」を担ってきてくれた奈良教育大学の特別支援教育の学生さんたち、卒業生のみなさん、先生方に改めてお礼申し上げます。

EPILOGUE

エピローグ、そして続くのだ！

２００９年3月末で杉本先生が小学校を退職し、それ以降、途方に暮れていた母ちゃんに、一本の電話が入りました。

「山口さん、久しぶりです」懐かしい杉本先生の声。

「ちょっと紹介したい人がいるんです。来週、会いませんか？」

母ちゃんは「はいっ！　喜んで!!」と前のめりにお返事し、杉本先生に案内されるままに奈良教育大学の、ある研究室に行くことになりました。

そこは、母ちゃんが想像していた大学の研究室というものとは全く違うもので、一見すると倉庫⁇のような場所でした。

杉本先生は「今から私の師匠を連れてくるから」と言い、私は一人、部屋で待っていると…。荷物の中から、ムクっと男子学生が姿を表し「今、何時ですか？」と聞いてきました。きっと、杉本先生と間違ったんだろうな。この、研究室でいつも寝ていた男子学生が、後に支援学校の先生になって、次男ユウの進路担当でお世話になるとは、この時は夢にも思いませんでした。

するると、ドタバタと大きな足音とともに、片手に焼き芋、片手に手づくりのおもちゃを持った、大きな男性が部屋に入ってきました。秋だというのに半袖シャツに裸足にサンダルという姿。しかもサンダルは左右違うものを履いていました。

「いやぁ、あなたが山口さん？　焼き芋、食べます⁉」と、満面の笑みで話す。そう、この人こそ、奈良教育大学の玉村先生なのでした。

こ、この人が‼　杉本先生の師匠なの‼　教育大学って‼　一体どんな場所なんだ‼

と、衝撃を受ける母ちゃん。

「俺さぁ〜、授業するのが大嫌いだから、今度、授業でしゃべってもらえません？」と言い、「佐竹〜‼　そろそろ起きろよ‼」と学生を怒鳴り、「杉本さん、この間の資料さぁ、越野先生んとこに持っていっといて」とかなんとか、一度にいっぱいしゃべって、玉村先生は、わーわーと部屋から出ていってしまいました。初めて見た‼　大人の多動症‼

大学からの帰り道、杉本先生から玉村先生がすばらしい研究者であり、大学の立派な教授で、ご自身の障害児教育の師匠であると聞かされ、再び驚く。

漫画のDr.スランプ　アラレちゃんに出てくる則巻千兵衛《のりまきせんべえ》かと思いました!!と母ちゃんが言うと、「似てるー!!」と普段大きな声で笑わない杉本先生が大爆笑しました。

この大学のセンセと、学校を退職したセンセと、障害の子どもを育てる母ちゃん3人の出会いが、「障害のある子どもの笑顔展」へとつながり、2024年の現在まで続いている「てとてをあわせて　で・あいのある世界展」に発展していくのです。

本文でも書かれていますが、「で・あい展」は、2017年に一度ファイナルにしたものの、特別支援を学ぶ学生から熱烈な声があり、2019年にすぐにリターンズとして帰ってきます（笑）。

一人でも多くの学生に知ってほしい！と、開催期間を大学の学祭とあわせ、手話サークルによるイベントや、福祉関連の映画の上映会、また、奈良県発達障害者支援センター「でぃあー」にも協力していただき、大学外の施設「保健所・教育総合センター（はぐくみセンター）」でのサテライトパネル展も実施しました。

大学側の責任者も、玉村先生に代わり、若手のホープ！　富井奈菜実先生が引き受けてくださり、ポスターの紙面も少しおしゃれなムードに一新!!

このまま、新しい出会いを広げていく予定だった2020年。新型コロナウイルスの感染が拡大し、国内外のすべてのイベントがストップしました。

教育の現場もすべてがストップ。自粛生活がスタートします。その中でも、特に大学生は長い期間オンラインでの授業が続き、大学のキャンパスに学生の姿がなくなりました。

その年の学生実行委員長だった下垣内くん（当時3回生）は、先輩たちがつないできた出会いの場を終わらせたくない！というか、自分の代でせっかく復活した展示会を終わりにするわけにはいかない‼と、ただならぬ悲壮感で、リアルに会ったこともない後輩たちとオンラインで打合せを重ね、今できる精一杯の企画を、頼りない声で発信してくれました。

その、なんとも不器用で、それでいて一所懸命な学生たちの姿に心打たれた母ちゃんは、専門家でも、元教員でもない、不思議な立場でありながら、再びどっぷりと学生たちと関わることになっていきます。

２０２１年、２０２２年は、図書館や食堂、エントランスホールなど、学内の学生や職員の方に向けて「で・あい展」を開催しました。黙食‼と貼り紙がされる、なんとも寂しい食堂。ほっこり優しい「で・あい」アーティストの作品は、少しでも癒しの効果があったのではないでしょうか。また、少しでも、見にきてくれる人と共感できる仕掛けを‼　と、苦手アンケートなるものを実施し、アンケートの結果を貼り合わせると、大きなアートになるパズルのような作品を学生企画として考えてくれました。

程なく、サークルや部活などの制限も緩まり、2023年には教育資料館での展示が再開。そして2024年は、制限のない、マスク姿もぐんと少なくなった形で開催できました。

会場に集まる人の中で、一番うれしそうにしていたのは、これまで「で・あい展」の実行委員をしてくれていた卒業生たちでした。ここは同窓会会場か‼と突っ込みたくなる賑わいでした。友人と一緒に来てくれた子、彼氏と来てくれた子。結婚して母となってご主人や、ご家族と来てくれた子。多くのメンバーが、特別支援学校や、福祉の現場で奮闘している真っ最中。センセになって集まってくる子たちは、懐かしそうに、後輩たちがつないだ「で・あい」の場を楽しんでくれていました。

山口さんにとって「で・あい展」ってどういうものですか?と聞かれたら、もちろん、アートや作品を通じての、障害理解への活動ではあるんだけど…。学生たちの母ちゃん、「奈良の母ちゃん」にしてくれた場所だと答えます。関わる学生たちは、自分の息子たちとは違う、マオとユウの子育てでは経験しない、友達との関係や、恋愛や就職の悩み、いろんな話を聞かせてくれます。大学の卒業式にも呼んでもらい、中には結婚式や新居にまで招待してくれる子もいて、ありがたいなぁ〜、幸せなことだなぁ〜と、いつも思っています。

母ちゃんのこれからの課題は、こんな、幸せな母ちゃんや父ちゃんを、たくさん誕生させることです。そして、その幸せな環境の中で、障害のある作者たちが、ユニークな発想を浮かべて、すてきな作品を生み出してくれるんじゃないのかな、と思うのです。

杉本先生が「どんなことも笑ってなんぼ！と思える山口さんは、やっぱりおもしろい。きっと、マオくんやユウくんだけでなく、いろんな人の母ちゃんになれる」そんな話をしてくださったことがあります。いろんな人の母ちゃんって⁉　どんな人だろうか。そんなにタフでもないし、頭も良くない（笑）ただ、子育てに奮闘していた一人の母親を、みんなの母ちゃんにしてくださった、杉本先生と玉村先生には感謝しかありません。たくさんの出会いと、笑顔と、学びを、本当にありがとうございました。また、玉村先生の無茶ぶりを受けとめ、口は動かすけど手は動かないセンセと母ちゃんに、有益なアドバイスをしていただき、すてきにまとめてくださった、クリエイツかもがわの伊藤愛さんにも心より感謝申し上げます。

山口家がその後どうなったのか？　マオとユウのその後の学校生活は⁉　学校卒業後はどんな暮らしをしているのか⁉は、名編集者様と、もう1冊まとめる予定ですので、どうぞお楽しみに。こうして、山口家の奮闘は、まだまだ続くのであります。

（山口　歩）

著者プロフィール

山口　歩（やまぐちあゆみ）
「こみゅ」主宰、ペアレントメンター、「もしも願いが叶うなら～かあちゃんとうちゃんの、おもしろ子育て奮闘記」で第53回NHK障害福祉賞最優秀賞受賞（2018年）
オチのあるエピソードトークでみんなを魅了し、障害理解の輪を広げている。友達の友達はみな友達と、いろんな人を巻き込むことを得意技とし、巻き込まれた人たちからは「組長」と呼ばれる愉快な母ちゃん。

杉山　温子（すぎもとあつこ）
元奈良県公立学校教員、障害児者・団体のアドバイザー（2022年没）
絵本、紙芝居、南京玉ずだれ、なんでもこいの芸達者。好奇心旺盛でアイデアの宝庫。いつもその宝箱に入れるおもしろいものを探している。びっくりさせるのが大好きだけど、びっくりさせられるのも嫌いじゃない！ クールに見えて根は情熱家なセンセ。

玉村公二彦（たまむらくにひこ）
京都女子大学教員、奈良教育大学名誉教授
「何でも屋」だけど、講義や講演は嫌い。おしゃべりは好きだけど、オチはない。思いつきで無茶ぶりをして、デリカシーがないといつもだれかれに叱られている。困っている人、悩んでいる人を放っておけない人情派のセンセ。

母ちゃん・センセ、笑ってなんぼ

発達障害のある子どもと創る希望ある生活

2024年9月1日　初版発行

著　者　山口歩　杉本温子　玉村公二彦
発行者　田島英二
発行所　株式会社 クリエイツかもがわ
〒601-8382
京都市南区吉祥院石原上川原町21
電話 075(661)5741　FAX 075(693)6605
https://www.creates-k.co.jp
郵便振替　00990-7-150584

装　丁　山口幸人
イラスト　山口真生
章扉文字　山口悠生
印　刷　モリモト印刷株式会社

ISBN978-4-86342-373-2 C0037